Mathildes Abenteuer

Michael Behn

Mathildes Abenteuer

Auf der Suche nach Wünschen, Zielen und Sinn
oder eine Geschichte über Selbstmanagement

Band 1: Die Reise beginnt

November 2014
4. Auflage
Herrenberg

Umschlaggestaltung: Oliver Behn
Satz & grafisches Konzept: Oliver Behn

Dank für die Mithilfe an: Gabriele Juin, Helga Neiheißer, Frank Ruschmeier, Peter Bödeker

Kontakt zum Autor: michael@blueprints.de

Herstellung und Verlag: BoD-Books on Demand, Norderstedt

ISBN: 978-3-8391-6751-9

Für meine Eltern Marga und Werner Behn

Dies ist kein Roman. Es sind Geschichten, die zum Nachdenken und zum Ausprobieren anregen sollen. Ich empfehle, immer nur bis zu dem Punkt zu lesen, an dem Sie sich animiert fühlen, über das Geschriebene nachzudenken, etwas zu notieren oder zu tun.

Michael Behn

Inhalt

1. Mathilde und Tiberius

„Einen Euro fünfzig", dröhnte es aus dem Zeitungskiosk. Das rothaarige Mädchen mit Sommersprossen durchsuchte ihre Hosentaschen. Sie stellte sich auf die Zehenspitzen, reckte den rechten Arm und ließ die Münzen auf den orangefarbenen Plastikteller rasseln, wo sie surrend auskreiselten.

„Danke, Mathilde. Und grüß deinen Onkel", sagte der Mann und reichte ihr die Zeitung aus dem Kioskfenster.

Sie schnappte die Zeitung, drehte sich um, rief „tschüss!" und hüpfte in Richtung Marktplatz, wo sie schon den zweiten Sommer bei ihrem Onkel wohnte. Natürlich würde sie nicht vergessen, ihren Onkel zu grüßen, der mit Tiberius befreundet war. Sie mochte diesen grauhaarigen Kioskbesitzer. Immer fand sich ein Lächeln in seinem zerklüfteten Gesicht, ob es regnete, schneite oder unsäglich heiß war wie im letzten Sommer. So war er, seit Mathilde ihn kannte. Nie ein Wort der Klage, der Wut oder der Ungeduld.

„Warum sind nicht alle Menschen so freundlich und glücklich?", überlegte Mathilde. Hüpfend erreichte sie den Marktplatz des Städtchens, gelegen am Rande des Schwarzwaldes. Hier stand das Haus aus verwitterten Backsteinen, in dem sie seit dem Tod ihrer Eltern wohnte. Sie polterte die Treppe hinauf und drückte dreimal den Klingelknopf, denn sie hatte wie so oft ihren Schlüssel vergessen.

Doch keiner öffnete, und so ließ sie sich auf die Stufen fallen. Durch die Fenster fiel kaum Licht in diesen Teil des alten Hauses, und die meisten Glühbirnen waren kaputt. Müde starrte sie auf die Holzstufen und zählte: „17, 18, 19, 20".

„Guten Tag, Mathilde! Was machst du hier?"

Erschrocken drehte Mathilde sich um, konnte aber niemanden erblicken.

„Hier! Ich sitze neben dir."

Aber da saß nur ein brauner Käfer.

„Sei vorsichtig, du könntest mich zerquetschen."

Mathilde lauschte, woher die Stimme kam, als sie Schritte von oben hörte und sich plötzlich eine Hand wie eine wärmende Mütze über ihren Kopf legte. Es war ihr Onkel, der vom Dachboden zurückgekommen war.

Mit seiner wie immer ein wenig traurig klingenden Stimme bedankte er sich bei seiner Nichte für die Zeitung und schloss die Wohnungstür auf. Heraus strömte der Duft von Bratkartoffeln, Speck und Bohnen.

2. Die seltsame Frage

„Der blöde Wecker ist heute aber besonders laut", fluchte Mathilde und zog sich das Kissen über den Kopf. Er schien nicht nur lauter zu sein, sondern auch früher zu klingeln. Geschickt rollte sie sich aus dem Bett, nahm ihren grünen Lieblingspullover vom Stuhl und schlurfte ins Badezimmer, um dort im Spiegel zwischen tausend Sommersprossen ein Lächeln zu suchen.

„Was hast du denn so früh schon vor?", brummte ihr Onkel aus der Küche. „Es sind doch Ferien oder hast du das vergessen?"

In der Tat, das hatte Mathilde vergessen. Wie konnte ihr das nur passieren?

Sie wirbelte zum Bett und sprang wieder hinein. An Schlaf war jedoch nicht mehr zu denken, denn sie dachte an die Ferien – an Tage ohne Schule – an Tage mit viel Zeit.

„Hallo, Mathilde! Was machst du hier?" Mathilde zuckte zusammen, als sie den Käfer vom Treppenhaus jetzt auf dem Nachttisch erblickte. Nicht, dass sie Angst vor Käfern gehabt hätte. Oh, nein! Nur, dass einer mit ihr sprach, das erschreckte sie schon.

„Was machst du hier?", tönte es energischer.

„Komische Frage", erwiderte Mathilde. „Ich liege im Bett, weil ich Ferien habe."

„Das meine ich nicht!", protestierte der Käfer. „Ich meine, was machst du auf dieser Welt? Was ist deine Aufgabe? Wo willst du hin?"

Mathilde starrte an die Decke und dachte über diese seltsame Frage nach.

„Jetzt solltest du langsam doch mal aufstehen, Mathilde!" Es war ihr Onkel, der aussah wie eine riesige Orange in seinem Arbeitsoverall. „Ich muss los. Frühstück steht auf dem Tisch. Milch ist im Kühlschrank. Bis heute Abend, Prinzessin." Er zog die Jalousien hoch und blieb einen Augenblick am offenen Fenster stehen. Bevor er das Zimmer verließ, drehte er sich im Türrahmen um und blinzelte seiner Nichte zu.

Mathilde blieb noch liegen und dachte an die seltsame Frage des Käfers:

„Was mache ich hier?"

„Ich bin erst acht Jahre alt", murmelte Mathilde. „Was macht man da schon. Man geht zur Schule, hat Ferien, unternimmt mit seinen Freundinnen etwas und so."

Verärgert schleuderte sie die Bettdecke zur Seite und rollte sich aus dem Bett.

3. Schreckliche Ferien

„Guten Morgen, Mathilde!", rief Tiberius, der die Zeitungen vor seinem Kiosk sortierte. Es kam vor, dass Kunden die Auslage in Unordnung brachten, und das mochte der Kioskbesitzer überhaupt nicht. Mathilde blieb neben dem grauhaarigen Mann stehen, lächelte gequält und lief nach kurzem Gruß weiter in Richtung Spielplatz.

Sie begann zu hüpfen. Es würde wunderbar sein, mit Tina und Ulrike etwas zu unternehmen: sich treffen, miteinander reden, Eis essen, gemeinsam faulenzen und nicht an die Schule denken. Sie hüpfte bei diesen Gedanken noch schneller und fing an zu pfeifen. Das konnte sie nicht besonders gut und das ärgerte sie. Aber irgendwann wollte sie das lernen, denn sie liebte es zu pfeifen. Ihr Onkel war hervorragend darin, auch wenn er es nur noch selten tat. Ganze Lieder beherrschte er und manchmal musste sie raten, welches Lied er pfiff.

Auf dem Spielplatz angekommen, bemerkte Mathilde überrascht, dass ihre Freundinnen noch nicht da waren. Wo waren sie, es war doch schon nach zehn?

„Mathilde!", rief jemand. Es war der kleine Pepo, er wohnte neben ihren Freundinnen. Sie folgte seinem Ruf und ging zum Sandkasten.

„Tina und Ulrike? Die sind mit ihren Eltern nach Amerika geflogen. Das haben die ganz spät erst entschieden", sagte Pepo.

Diese Nachricht traf Mathilde wie ein Donnerschlag.

„Bist du nun traurig?"

Anstatt zu antworten sprang Mathilde auf, schüttelte ihre roten Haare und stapfte zur Turnburg – so nannten alle die Holz- und

Seilkonstruktion in der Mitte des Spielplatzes. Sie setzte sich in eines der Holzhäuschen und grübelte wütend.

Plötzlich bemerkte sie einen Käfer, der so ähnlich aussah wie jener, der ihr die Frage gestellt hatte. Aber er blieb stumm. Er war einfach nur da und rührte sich nicht.

„Was mache ich hier?", flüsterte Mathilde in Richtung des Käfers. „Das ist eine wirklich schwere Frage. Ich weiß doch noch zu wenig, ich bin doch noch zu jung, um das zu beantworten." Zufrieden war sie mit dieser Antwort nicht. Nachdenklich schaute sie erneut zum Käfer, der sich nun langsam bewegte und hin und wieder die Richtung wechselte. Müde fielen Mathildes Augen zu und sie begann zu dösen.

„Guten Taaag!"

Mathilde saß im Schneidersitz in ihrem Holzhäuschen, als sie diese gedehnte Begrüßung hörte. Sie schaute sich um, konnte aber niemanden erblicken.

„Schaaau auf das Bodenbrett vor dir", flüsterte eine Stimme. Vor ihr saß eine Schnecke, die in ihre Richtung blickte.

„Erst ein Käfer, jetzt spricht mich eine Schnecke an. Ich hoffe, ich bleibe von Spinnen verschont."

Sie schaute sich nochmals um und überzeugte sich, dass niemand da war. Wie sähe es aus, wenn jemand sie dabei beobachtete, wie sie mit einer Schnecke redete. Als sie sicher war, wandte sie sich erneut ihrem Besuch zu und begrüßte ihn. Mathilde überlegte, welche Frage ihr die Schnecke wohl stellen würde.

„Nein, keine Fraaage. Ich möchte dir einen Rat geben und ein abenteuerliches Spiel vorstellen."

Mathilde zog die Augenbrauen hoch und lauschte gespannt.

„Nutze diese sechs Wochen und reise an den Ort Ziwusi. Hier wirst du die Antwort auf deine Fraaage finden. Wie du dahin kommst? Das ist gaaanz einfach. Sei so häufig wie möglich zur selben Zeit an der Turnburg. Bringe Buntstifte, einen Block und auch einen Apfel, Kekse und ein paar Gräääser mit. Gepäck brauchst du nicht", erklärte die Schnecke und verabschiedete sich.

„Mathilde!", kreischte es vom Sandkasten. Mathilde streckte sich. Es war Pepo, der seine Sandburg präsentieren wollte. Aber Mathilde stand nur auf und trat nachdenklich den Weg nach Hause an.

4. Reisevorbereitungen

Was war das für eine schreckliche Nacht gewesen. Mathilde hatte wildes Zeug geträumt. Mit zerzaustem Haar saß sie am Frühstückstisch und biss lustlos ins Marmeladenbrot. Sechs Wochen Ferien ohne ihre Freundinnen, sprechende Käfer und Schnecken, Ziwusi ... In Mathildes Kopf wirbelten Gedanken umher und sie fing an, mit dem Messer Straßen auf ihrem Marmeladenbrot zu zeichnen.

Voller Selbstmitleid trank sie ihre Milch und verschluckte sich. Noch während des Hustens fiel ihr ein, was die Schnecke ihr gesagte hatte. Vielleicht ist es ja ein lustiges Spiel. Besser als hier rumzusitzen, und sich zu bemitleiden. Mathilde sprang auf und packte flugs ihre Sachen für die Reise nach Ziwusi.

„Habe ich alles eingepackt? Buntstifte, Block, Kekse, Apfel – ach ja, Gräser muss ich noch besorgen! Die sammel ich unterwegs."

Am Kiosk blieb sie stehen. Er war geschlossen. Zum ersten Mal, seit sie denken konnte, war der alte Mann nicht an seinem Platz im Kiosk und die Zeitungen lagen nicht ordentlich sortiert in der Auslage. Nachdenklich setzte sie ihren Weg fort und sammelte auf dem Friedhof saftige Gräser.

Auf dem Spielplatz ging Mathilde schnurstracks zur Turnburg und suchte die Schnecke. Doch sie war nirgends zu finden, und so setzte sie sich an denselben Platz wie am Vortag.

Nach einer langen halben Stunde Warten nahm sie ihre Buntstifte aus der Jutetasche und legte sie sorgsam neben sich. Sie schlug die Deckseite vom Schreibblock um und schrieb auf das erste Blatt in großen roten Buchstaben:

Was will ich hier?

16

5. Die Reise beginnt

Selbst nach unendlichem Starren auf das Blatt fiel Mathilde, außer weiteren Fragen, nichts ein: „Was schreibe ich? Was ist gemeint? Meine Aufgabe? Wo will ich hin? Wie soll ich anfangen?"

Während ihr Ärger wuchs, begann sie zu zeichnen. Auf dem Block war nach kurzer Zeit ein kleines Pferd zu sehen. Ein glückliches Mädchen saß etwas später auf seinem Rücken. Noten tanzten um ihren Kopf und sie hielt ein Büchlein in der Hand, auf dem die Zahl 3 zu erkennen war.

Mathilde legte den Stift beiseite und betrachtete überrascht ihr Werk. Was sie sah, gefiel ihr ausgesprochen gut. Zufrieden lehnte sie sich gegen die Holzwand der Turnburg und dachte über das Bild nach.

„Du bist ja schon da, Maaathilde!", rief eine Stimme. Es war die Schnecke, die auf dem Fenstersims in der Turnburg saß. „Hast du an die Gräääser gedacht?"

Sie gab der Schnecke die Gräser vom Friedhof.

„Wo hast du diese schönen Grääääser her?"

Mathilde wurde verlegen, denn Gräser vom Friedhof erschienen ihr jetzt als etwas, das man doch nicht anbieten konnte.

„Aaach, vom Friedhof!", rief die Schnecke begeistert. „Da waaachsen die besten Gräser, denn sie reifen in der Stille. Die meisten guten Dinge reifen nur in der Stille", fügte die Schnecke hinzu.

Mathilde war froh, dass sie sich geirrt hatte und das Gegenteil von dem richtig war, was sie gedacht hatte.

„Wie ich sehe, haaast du schon ohne mich begonnen, auf die Reise zu gehen."

Erstaunt beobachtete Mathilde die Schnecke, hob die Schultern und kniff die Augen zusammen.

„Ich meine daaas Bild. Du bist doch in die Zukunft gereist. Oder wie soll ich dein Bild verstehen?"

Mathilde erklärte der Schnecke das Bild. Das Pferd war schon lange ein sehnlicher Wunsch von ihr. Ein eigenes Pferd, auf dem sie reiten konnte, das sie fütterte und striegelte.

„Taaanzende Noten?", fragte die Schnecke und zeigte mit dem linken Fühler auf das Bild. Mathilde lachte und erklärte, dass sie immer, wenn sie glücklich sei, ein Lied zu pfeifen versuche. Sie erklärte, dass sie es leider nicht richtig könne, es aber gerne lernen würde.

Die Schnecke nickte und fragte: „Und das Quaaadrat mit der Drei in der Mitte?"

Das war ebenfalls leicht zu erklären, denn die Fünf in Mathematik im letzten Zeugnis war Mathilde gar nicht recht gewesen. Eine Drei sollte doch mit ein wenig mehr Übung möglich sein. Die Schnecke hörte aufmerksam zu und schwieg lange.

Mathilde wurde ungeduldig, denn was hatte das alles mit der Reise nach Ziwusi zu tun? Sie hatte doch nur ein Bild gezeichnet.

„Nein, Maaathilde, du hast nicht nur irgendein Bild gemalt. Du bist in eine mögliche Zukunft gereist. Du waaarst in Ziwusi. Hat es dir dort gefallen?"

„Mathilde!", hallte eine Stimme über den Spielplatz und die Schnecke verschwand. Diesmal war es nicht Pepo. Es war Tiberius, der sich auf die Bank an der Schaukel gesetzt hatte. Erfreut packte Mathilde ihre Sachen zusammen und lief zur Bank.

„Hallo, junge Dame. Ich sehe, du bist mit Malsachen auf dem Spielplatz. Was gibt es hier zu malen?"

Mathilde zögerte mit ihrer Antwort, denn wie sollte sie das erklären, ohne dass Tiberius sie für komisch hielt. Sie reichte ihm das Bild und beschrieb, was auf ihm zu sehen war.

„Oh ja! Ein großartiges Bild", sagte Tiberius. „Mit dem Pferd und der Mathematikzensur kann ich dir kaum helfen, aber das mit dem Pfeifen könnte klappen. Es ist zwar furchtbar lange her, aber ich erinnere es noch genau ..."

Tiberius erzählte, wie er als Junge auch unzufrieden mit seinen Pfeifkünsten war und wie sein Vater es ihm beigebracht hatte. Fast eine Stunde saßen die beiden auf der Bank und Mathilde übte nach der Methode von Tiberius' Vater.

„Horcht, horcht – das klingt schon wie ein richtiges Pfeifen."

Mathilde hingegen war noch überhaupt nicht zufrieden. Aber als Tiberius ihr erklärte, dass auch er das Pfeifen nicht an einem Tag gelernt hatte, gewann die Hoffnung Oberhand über ihre Ungeduld.

Auf dem Weg nach Hause fiel unserer Pfeifschülerin ein, dass sie vergessen hatte, Tiberius zu fragen, warum sein Kiosk geschlossen war. Morgen wollten sie das Pfeiftraining fortsetzen. Dann würde sie es herausfinden.

6.   Sechs Beine sind besser als zwei

Einige Tage waren vergangen und Mathildes Pfeifkünste entwickelten sich. Fast jeden Tag saß sie auf der Bank am Kiosk und übte mindestens eine halbe Stunde mit Tiberius. Er rief ihr aus dem Kioskfenster Titel zu oder pfiff selber Lieder, die sie nachpfeifen musste.

Sicher – sie war noch lange nicht perfekt, aber die ersten Lieder waren fast schon zu erkennen. Sogar ihren Onkel bat sie, ihre Fortschritte zu testen, und er erkannte in der Tat eines der vier Lieder.

„Guten Morgen", summte es in Mathildes Ohr. „Was ist eigentlich mit deinem Pferd und der Mathematikzensur?"

Mathilde zuckte zusammen. Sie hatte schon vergessen, dass Schnecken, Käfer und Co. begonnen hatten, mit ihr zu sprechen. Auf ihrem Marmeladenbrot landete eine Fliege, die sie mit einer Handbewegung in die Flucht schlug.

„Das ist aber nicht nett von dir!", zeterte es vom Rand des Marmeladenglases. „Du könntest etwas abgeben von deinem Reichtum. Du würdest es nicht einmal bemerken."

„Das stimmt. Aber wer will schon, dass jemand mit sechs Beinen auf seinem Marmeladenbrot herumspaziert, wenn er es danach noch essen möchte?"

Die Fliege schien zu schmunzeln, und Mathilde nahm einen Teelöffel, kratzte damit etwas Marmelade vom Rand des Glases und legte ihn vorsichtig auf den Tisch.

Die Fliege nickte, flog zum Löffel und vergrub ihren Rüssel in der roten Masse. Während sie suckelte, beobachtete Mathilde sie erwartungsvoll. Aber sie sagte nichts. Alle Aufforderungen halfen in keiner Weise. Die Fliege blieb stumm wie ein Fisch.

Nach zehn langen Minuten gab Mathilde es auf und fing an abzudecken. Als sie die Bestecke einsammelte, war die Sechsbeinige nicht mehr da. Wie lange sie die Küche auch absuchte, die Fliege blieb verschwunden.

7.   Völlig vergessen

Hinter der Tür hörte man leises Pfeifen. Zwar waren nur wenige Töne klar, aber alles in allem ähnelte es einem gepfiffenen Lied.

Mathilde räumte auf, denn ihr Onkel hatte erneut seinen Unmut über ihre eigenwillig gewählten Ablageplätze für ihre Kleider und Sachen geäußert, – wobei es weniger ein Schimpfen als vielmehr eine traurige Aufforderung gewesen war. Sie hängte den blauen und den olivgrünen Pullover in den Schrank, nahm die Mathematikhefte von dem seit Monaten vogelleeren Käfig und warf die Schreiber und Buntstifte, die auf dem Bett lagen, in die Schublade.

Da fiel Mathilde ihre Ziwusi-Zeichnung in die Hände und sie musste an die Frage der Fliege denken: „Was ist eigentlich mit deinem Pferd und der Mathematikzensur?"

Über ihrem Pfeiftraining hatte sie völlig vergessen, in die Turnburg zu gehen, um sich mit der Schnecke, dem Käfer oder welchem Insekt auch immer zu treffen. Sie hatte gar nicht mehr daran gedacht, dass sie erneut nach Ziwusi reisen wollte.

Ihr schlechtes Gewissen beschleunigte das Tempo der Aufräumarbeit, die man nun eher als „die Sachen woanders verstecken" bezeichnen konnte. Mathilde war hierbei nicht nur schnell, sondern auch kreativ.

Flugs packte sie ihre Tasche, rupfte Gräser auf dem Friedhof und lief mit dem Wind um die Wette. Es war schon nach zehn und in nicht einmal einer Stunde wollte sie sich mit Tiberius am Spielplatz treffen, um weiter an ihrer Pfeiftechnik zu feilen.

Kurz darauf saß Mathilde mit wild pumpendem Herzen in der Turnburg. Es war mittlerweile halb elf. Sie packte ihr Bild aus und suchte die Stämme nach Schnecken ab. Vergeblich.

Es begann zu regnen und ihre Laune verschlechterte sich. Wahrscheinlich würde Tiberius bei diesem Wetter gar nicht kommen.

„Mist. Ich hätte lieber zu Hause bleiben und in aller Ruhe mein Zimmer aufräumen sollen." Der Regen störte sich an Mathildes Ärger nicht, denn er wurde noch stärker. Das Dach der Turnburg war für solch einen rücksichtslosen Regen nicht ausgelegt und so floh sie in das Häuschen der Bushaltestelle vor dem Spielplatz.

… 9, 10, 11-mal klang tief die Kirchenglocke, aber Tiberius war nicht in Sicht. Mathilde lauschte den Regentropfen, die mal leiser und mal lauter auf das Dach fielen.

„Hast du an die Gräääser gedacht?" Mathilde zuckte zusammen und schaute sich um. Die Stimme kam ihr bekannt vor. Und in der Tat – auf einem Querbalken neben dem Fahrplan saß die Schnecke, die sie in der Turnburg gesucht hatte.

„Ich daaachte schon, du würdest nicht mehr kommen", fuhr die Schnecke fort und bewegte sich zu den Gräsern, die Mathilde ihr mit einem Gesichtsausdruck der Entschuldigung hingelegt hatte. „Doch besser spät als gar nicht. Ich möchte dir gleich einen Tipp geben: Hilf dir selbst und häng dein Bild auf, damit du an unsere Reisetermine erinnert wirst. Zusätzlich leg dir ein Notizbuch an, in dem du alles rund um die Reisen notierst."

„Du bist ja völlig nass", dröhnte eine viel tiefere Stimme. Mit einem riesigen, schwarzen Regenschirm stand ein lächelnder Tiberius an der Bushaltestelle. „Du wirst dich noch erkälten, junge Dame. Komm, ich bring dich nach Hause und wir üben morgen weiter, da soll das Wetter weniger nass sein. In manchen Zeitungen stand sogar etwas von Sonnenschein."

Zitternd rutschte Mathilde von der Bank und folgte frustriert dem Rat von Tiberius.

8. Die arbeitslose Korkwand

Wieder zu Hause kochte Mathilde eine Tasse Tee und trank ihn am Schreibtisch. Zu ihrem Frust gesellte sich zunehmend das schlechte Gewissen über die vergessenen Reisen nach Ziwusi. Sie wollte unbedingt den Rat der Schnecke befolgen und in Zukunft ihrem Gedächtnis helfen.

„Seinem Gedächtnis helfen ist eine gute Idee, auch wenn man erst acht Jahre alt ist. Was ich in den letzten Tagen alles vergessen habe", murmelte sie und schüttelte den Kopf. Der Schluck Tee linderte ihren Frust nur geringfügig.

Das Bild würde sie in Zukunft an ihre Vorhaben und Ziele erinnern, da war sich Mathilde sicher. Aber wie konnte sie es nur sichtbar aufhängen? Da fiel ihr ein, dass ihr Onkel eine Korkwand in der Abseite ihres Zimmers deponiert hatte. Sie würde ihn bitten, die Korkwand über ihrem Schreibtisch anzubringen, und schon könnte sie ihr Bild aufhängen.

Anfangs wollte Mathilde das Bild rahmen. Aber das erschien ihr später als nicht sehr klug, denn eventuell musste das Bild ja noch verändert werden. Auch ein Notizbuch war im Nu gefunden, denn in ihrer Gerümpelschublade lag noch ein Buch mit karierten Seiten.

Vor einer dieser Seiten saß sie nun und überlegte, was sie schreiben sollte. Was waren die merkenswerten Erkenntnisse, die sie gewonnen hatte?

Zuerst notierte Mathilde, an welche Fragen sie sich erinnerte:

Was will ich hier?

Was mache ich hier auf dieser Welt?

24

Was ist meine Aufgabe?

Wo will ich hin?

Nun schrieb sie auf, was auf ihrem Bild zu sehen war:

Ich kann pfeifen.

Ich habe mein eigenes Pferd.

Ich stehe auf einer Drei in Mathematik.

Außerdem ergänzte Mathilde auf einer neuen Seite, was die Schnecke über die Gräser vom Friedhof gesagt hatte, denn der Satz gefiel ihr besonders.

Die meisten guten Dinge reifen nur in der Stille.

„Ach ja, die weitere Empfehlung der Schnecke hätte ich beinahe vergessen", rief sie und notierte: *Hilf dir selbst, damit du dich erinnerst.*

Sie betrachtete die beiden Seiten und ihr Bild erneut. Es gefiel Mathilde, was da stand, auch wenn die Fragen des Käfers noch nicht beantwortet waren. Aber sie war ja erst am Anfang, und der war gut.

9. Die Reise geht weiter

Voller Tatendrang federte Mathilde am nächsten Morgen aus ihrem Bett. Die Bettdecke kam ihr heute leichter vor als sonst und sie war gut gelaunt. Ihr Blick fiel auf die Korkwand oberhalb ihres Schreibtisches.

Richtig! Sie wollte pünktlich an der Turnburg sein, denn sie war gespannt auf die kommenden Erlebnisse. Im Schnellzugtempo waren die morgendlichen Aufgaben erledigt und hüpfend ging es weiter zum Friedhof, wo Gräser gerupft wurden. Diesmal nahm sie besonders viele mit.

„Heute ist aber viel los – und dieser Krach!", zeterte Mathilde.

Überall Kinder. Es war entsetzlich, denn selbst in der Turnburg spielten welche. Sie wurde ärgerlich, denn jetzt, wo sie schon mal pünktlich war, störte man ihren Reiseantritt.

„Mach doch mit!", rief ein Junge. Er war blass und wirkte schwächlich. Nach einer Hustenattacke ergänzte er: „Wir spielen A-Versteck. Komm, ich erklär es dir."

„Was für eine Unverschämtheit", dachte Mathilde und blickte grimmig. Sie wollte hier schließlich nicht herumalbern, sondern wichtige Aufgaben erledigen.

Sie drehte sich um, ließ den Jungen nach einem weiteren wütenden Blick alleine, rannte zur Bushaltestelle, knallte die Tasche in die Ecke der Sitzbank und warf sich auf den Sitz, dass das Häuschen erzitterte.

Wie sollte es nur vorangehen, wenn sie ständig gestört wurde! Mathildes Wut wuchs und sie schlug mit der Faust immer wieder gegen den Mülleimer.

„Was machst du für einen Krach?", rief eine Stimme. Mathilde legte die Gräser neben sich.

„Was soll ich damit?", sagte etwas Kleines, das bei den Gräsern gelandet war. Es war eine Mücke, Mathilde hätte sie beinahe unter den Gräsern begraben. Sie erklärte dem Insekt den Grund ihrer Schläge gegen den Abfallbehälter.

„Was kann der freundliche Junge dafür, dass du dich gestört fühltest? Er wollte dich zum Mitspielen einladen und dir das Spiel erklären", sagte die Mücke.

Mathilde schämte sich, denn natürlich war das richtig.

„Bitte denk daran: Wenn du etwas mochtest, lass andere nicht darunter leiden. Überleg dir, WIE du deine Ziele erreichen willst oder WIE du deine Wünsche zum Leben erweckst."

Mathilde grübelte, was die Mücke meinte.

„Ich meine, überlege dir, auf welche Art und Weise du es tust. Bist du eher unfreundlich, unehrlich und aggressiv oder freundlich, selbstbewusst, kreativ, humorvoll oder hilfsbereit?

Mein Rat ist der folgende: Notiere drei Eigenschaften, die dich in diesem Punkt beschreiben. Sie geben wieder, wie du mit deinen Mitmenschen umgehen möchtest. Sie beschreiben, wie du deine Ziele erreichen willst.

Notiere, was du meinst, wenn du dich für das ‚WIE' entscheidest", empfahl die Mücke und ergänzte: „Wünsche und Ziele sind wichtig, aber dein ‚WIE' macht dich erst zu dem Menschen, der du bist."

Mathilde musste husten, weil ein Lieferwagen qualmend an der Haltestelle vorbeiknatterte. Als sie ausgehustet hatte, war die Mü-

Mücke fort. Sie stand auf, nahm ihre Jutetasche und schlenderte zur Turnburg. Sie suchte die jetzt kinderfreie Holzkonstruktion ab, fand aber weder Schnecke noch Käfer.

Abends notierte sie die Erkenntnisse des Tages. Erneut fing sie eine Seite an:

Deine Wünsche und Ziele sind wichtig, aber dein WIE macht dich erst zu dem Menschen, der du bist.

Mathilde war es immer noch unangenehm, dass sie sich dem Jungen gegenüber so unfreundlich verhalten hatte.

„Das war nicht fair von mir!"

Eines ihrer WIEs sollte „fair" sein, denn das wollte sie auf jeden Fall sein.

Es war elf, als Mathilde auf die Uhr schaute. Sie hatte die Zeit vergessen und bemerkte erst jetzt ihre Müdigkeit.

Am nächsten Tag wollte sie mit dem begonnenen Thema weitermachen. Als Erinnerung schrieb sie ins Notizbuch:

fair

10. Endlich neun

Einige Tage nach ihrem letzten Bucheintrag wachte Mathilde auf und war ein Jahr älter. Endlich neun – das hörte sich schon besser an.

Es war Freitag, und da ihre Freundinnen immer noch in den USA waren, entschied Mathilde, ihren Geburtstag nicht zu feiern. Das schien ihr fair, denn Tina und Ulrike konnten ja nichts dafür, dass sie nicht da waren. Sie würde an einem der kommenden Wochenenden eine Party geben, um mit allen zu feiern.

Und so saß Mathilde mit ihrem Onkel am Geburtstagstisch und pustete die tanzenden Flammen aus. Ihr Onkel hatte extra seine Schicht getauscht, um mit ihr zu feiern. Außerdem hatte er sich schon beim Aufstehen vorgenommen, seinen traurigen Blick im Spiegel zu lassen.

„Das ist für dich. Nicht viel, aber es kommt von Herzen", sagte ihr Onkel und überreichte verlegen, aber mit einem Lächeln das Geschenk in rotem Papier.

Von allen Seiten betrachtete Mathilde das Päckchen. Sie hob es hoch und prüfte das Gewicht. Langsam löste sie die Klebestreifen und öffnete es wie eine Schachtel, in der sich etwas Zerbrechliches befand.

Zum Vorschein kam ein riesiger Bildband über Pferde, in dem auch Informationen zu Herkunft, Abstammung, Geschichte, Rassemerkmale und so weiter standen. Zu jeder Pferderasse gab es ein Farbfoto. Ausführlich wurde über Pflege, Kauf, Haltungsformen, Futter, Krankheiten, Verletzungen und ihre Behandlungen, Hufschmied und Reitausrüstung berichtet.

Mathilde war sprachlos, und das kam selten vor. Wie konnte das sein? Nie hatte sie ihrem Onkel erzählt, dass sie eine Pferdenärrin war.

„Ich dachte, dass das Bild an der Korkwand für dich eine besondere Bedeutung haben müsste. Außerdem sprach ich mit Tiberius, und er glaubte auch, dass du dich über ein Pferdebuch freust."

„Ja, eine tolle Idee. Vielen Dank."
„Gerne. Schön, dass es dir gefällt."
„Oh ja."

Sie umarmte ihren Onkel und legte das schwere Buch auf den Geschenketisch, auf dem die Geburtstagsblume nun nicht mehr so alleine war.

Zur Feier des Tages besuchten die beiden das Wildgehege. Mathilde bemerkte, dass ihr Onkel sich heute viel Mühe gab, unterhaltsam zu sein und immer wieder – wenn auch gequält – lächelte.

Nach spätem Abendbrot war es Zeit fürs Bett. Mit kleinen Augen schlug sie aber noch ihr Buch auf, um zu notieren:

Wenn man Ziele und Wünsche hat, dann helfen einem manchmal Menschen (so wie mein Onkel und Tiberius) und scheinbare Zufälle.

Mathilde hatte gerade noch ihren Eintrag kontrolliert, da fiel sie schon in einen zufriedenen Schlaf, während der Wind lauter wurde.

11. Sprachlose Mücken

Ein donnernder Knall riss Mathilde aus dem Schlaf. Über dem Haus trieb ein Gewitter sein Unwesen. Schlaftrunken rutschte sie aus dem Bett, stolperte über ihre Jutetasche und schloss das Fenster.

Neuerdings war ihre Angst vor Gewittern verschwunden. Sie hatte gelernt, wie man bestimmt, wie weit das Gewitter entfernt ist. Ihr Onkel hatte es erklärt und mit ihr zusammen gezählt, wenn es blitzte. So konnte sie jetzt einschätzen, wie weit die Gewitterfront entfernt war, wenn sie den zeitlichen Abstand zwischen Blitz und Donner maß.

„Komisch", dachte Mathilde. „Immer noch der Krach und die gleichen Lichtblitze, vor denen ich früher Angst hatte." Wahrscheinlich lag es daran, dass sie nun schon neun war.

Nachdem Frühstück setzte sie sich vor den Fernseher. Eine Sendung mit den Waltons schien ihr ein guter Zeitvertreib zu sein, wenn draußen ein Unwetter tobte. Ihr Blick fiel auf eine Mücke, die auf dem Tisch neben der Fernbedienung saß. Gebannt starrte Mathilde auf das Insekt, denn eventuell würde es mit ihr sprechen. Doch es blieb stumm.

„Vermutlich ist es eine dieser Mücken, die nicht reden können und die einfach nur so rumsitzen." – „Dann eben nicht!", zischte sie bockig und schaltete den Fernseher an. Es lief bereits der Eingangsjingle. Das Lied hatte ihr immer schon gefallen, und so fing sie an, die Melodie mitzupfeifen.

In der Werbepause machte Mathilde sich auf den Weg in die Küche, um ein Glas Milch zu holen. Da saß wiederum eine Mücke – oder war es dieselbe? Mathilde starrte auf die Kühlschranktür und wurde ärgerlich, denn auch dieses Exemplar sprach nicht mit ihr.

In der einen Hand ein Glas Milch und in der anderen die Fernbedienung, so saß Mathilde auf der Couch, doch sie hörte nicht mehr hin, was John Boy zu seiner Schwester Mary Ellen sagte.

„Die Mücke gab mir doch den Rat, mir Gedanken zu meinen WIEs zu machen", murmelte Mathilde und kratzte sich ihren rotlockigen Kopf.

Jetzt wurde ihr bewusst, dass sie sich nicht mehr auf die Abenteuer der Waltons konzentrierte, darum schaltete sie den Fernseher aus.

Kurze Zeit später befand sich das Glas Milch gemeinsam mit drei Keksen auf ihrem Schreibtisch. Mathilde starrte ratlos in ihr Notizbuch. Kein Gedanke und keine Idee zeigten sich. Wenigstens stand schon etwas auf der Seite mit den WIEs:

Deine Wünsche und Ziele sind wichtig, aber dein WIE macht dich erst zu dem Menschen, der du bist.

Einige Zeilen tiefer war auch noch das Wort „fair" zu lesen, was sie noch näher beschreiben wollte. Aber wie?

„Ich fange einfach an und schreibe auf, was ich damit verbinde", murmelte Mathilde. Kurze Zeit später war zu lesen:

fair – gerecht sein, nicht die eigene schlechte Laune an anderen auslassen, keine Vorurteile haben

Beim Schreiben fiel Mathilde eine weitere Eigenschaft ein. Etwas, was ihr wichtig war und was ihr an Tiberius so gefallen hatte. So ergänzte sie den folgenden Absatz:

freundlich – mit einem Lächeln die Dinge tun und auf andere zugehen, auch wenn andere unfreundlich sind, freundlich sein, andere so behandeln, wie ich selbst behandelt werden möchte, sich bedanken

Die Idee gefiel Mathilde, denn auch sie freute sich, wenn Menschen freundlich zu ihr waren. Sie wusste aber auch, dass sie selbst es nicht immer war, aber daran konnte sie ja arbeiten.

„Was ist mir noch wichtig daran, WIE die Dinge getan werden?", fragte Mathilde in Richtung Bild an der Korkwand. Natürlich – jetzt fiel es ihr ein:

ausdauernd & geduldig – Ziele verfolgen, Ziele auch mal anderen erzählen, Hilfe suchen, Ziele immer wieder anschauen, regelmäßig dafür etwas tun, auch mal „Nein" sagen, das Notizbuch immer wieder nutzen

Sie las zufrieden das Geschriebene, um dabei unzufrieden zu werden. Ihr wurde klar, dass sie bei vielen Punkten noch einen weiten Weg vor sich hatte. Auch fiel ihr der Junge vom Spielplatz ein, mit dem sie so barsch umgegangen war.

„Das war auf keinen Fall fair und schon gar nicht freundlich", haderte Mathilde. Sie schlug das Buch zu und beschloss, den Jungen am nächsten Tag zu suchen, um sich zu entschuldigen.

12. Wo liegt Ziwusi?

Mit den ersten Sonnenstrahlen war Mathilde aufgestanden, und auch mit dem Frühstück war sie heute schnell fertig. So früh wie möglich wollte sie auf dem Spielplatz sein, um den Jungen zu finden und ihre Reise nach Ziwusi fortzusetzen. Das Pfeiftraining pausierte, denn Tiberius besuchte Freunde in der Schweiz. Aber Mathilde hatte „Hausaufgaben" auf. In ihrem Buch war zu lesen:

Jeden Tag fünfzehn Minuten die Pfeifübungen machen, die ich von Tiberius bekommen habe. Tiberius testet mich am 25.09.

An der Turnburg bemerkte Mathilde, dass sie keine Gräser gesammelt hatte. Aber unter Umständen würde die Schnecke ja nicht kommen, sondern jemand anders.

Eine ungewohnte Stille herrschte auf dem leeren Spielplatz. Es war auch noch zu früh, um hier zu spielen. Überall lag noch der Morgentau, und warm war es auch nicht. Fröstelnd setzte sie sich in ein Häuschen der Turnburg und packte ihre Sachen aus.

„Was tun?", murmelte Mathilde und beschloss, ihre täglichen Pfeifübungen zu machen. Erst die Tonleiter zum Warmwerden, danach pfiff sie Lieder aus einem Liederbuch und im Anschluss probierte sie eines ihrer Lieblingslieder.

Versunken in ihre Übungen, bemerkte sie nicht, dass der Spielplatz sich füllte. Als sie zum dritten Mal versuchte, eine schwere Melodie zu pfeifen, hörte Mathilde ein lautes „Ich komme!" Es waren abermals die Kinder, die A-Versteck spielten.

Sie sprang auf und suchte nach dem Jungen, bei dem sie sich entschuldigen wollte. Aber er war nicht zu sehen, vermutlich hatte er sich versteckt, darum ging es ja schließlich bei diesem Spiel.

Eine ganze Weile beobachtete Mathilde die anderen Kinder, die herumliefen, sich anpirschten und versuchten, das aus Stöcken gebildete A zu zerstören. Sie wollten die Gefangenen befreien, und der verzweifelte Fänger hatte viel zu tun. Es schien ein spannendes und fröhliches Spiel zu sein, denn das Gelächter war gewaltig.

Als der Fänger fertig war, versammelte sich die Gruppe an der kaputten Wippe. Sie waren zu acht, doch Mathilde konnte den Jungen nicht entdecken. Sie lief zur Gruppe und fragte nach ihm.

Ein Mädchen mit Zöpfen baute sich vor ihr auf: „Wir sagen es nur, wenn du eine Runde mitspielst und Fänger bist."

„Das ist Erpressung!"
„Gar nicht."
„Und ob."
„Nun mach schon mit!"
„Du ..."

Ihre Augenbrauen formierten sich zu einem düsteren Strich und Mathilde war drauf und dran, etwas Unfreundliches zu sagen.

Rechtzeitig fiel ihr ein, was sie vor einigen Stunden in ihr Notizbuch geschrieben hatte. Sie biss sich auf die Zunge und lächelte, denn das ist immer ein gutes Mittel, wenn man wütend ist, hatte ihr Onkel einst erzählt. Tatsächlich, es funktionierte.

„Okay", sagte Mathilde ein wenig gequält.
„Klasse, dass du mitspielst."
„Ja, aber nur eine Runde."

Die Kinder erklärten ihr die Aufgabe des Fängers. Über eine Stunde dauerte das Spiel und Mathilde war völlig außer Atem, als sich alle an der Wippe versammelten.

„Gregor kommt heute nicht!", sagte das Mädchen mit den Zöpfen.

„Ach."

„Er ist krank, hat Asthma und kann nicht mehr mitspielen. Hat seine Mutter gesagt."

„Oh je."

Mathilde legte sich die Hand auf den Mund. Nun fand sie es noch schlimmer, dass sie damals so gemein gewesen war, und fühlte sich noch schlechter.

„Wo er wohnt?", wiederholte das Mädchen mit den Zöpfen.

„Hauptstraße 17. Links neben der Eisdiele."

„Danke. Irgendwann in den Ferien spiele ich sicher noch mal mit. Jetzt muss ich aber los!"

Ein wenig ratlos setzte sich Mathilde in das Häuschen und holte ihr Notizbuch hervor. Sie schrieb die Adresse auf und überlegte, was zu tun war.

„Guten Morgen, Mathilde. Du bist ja völlig außer Atem. Das Spiel war offensichtlich aaanstrengend ..."

Wie von Geisterhand hinplatziert saß auf einmal die Schnecke neben ihr. Während sie sprach, warf sie einen Blick in die Jutetasche.

„Du hast mir heute ja gar keine Gräääser mitgebracht. Das ist aber schade, denn die letzten waren saftig und schmaaackhaft."

„Ich war in Eile und hab es vergessen. Nächstes Mal bringe ich eine große Portion mit."

„Überaus grooooß?"

„Ja, klar."

Die Schnecke fing sogleich an zu erzählen. Ihr entging nicht, dass Mathilde müde war, und so berichtete sie noch etwas begeisterter von Ziwusi und erklärte, warum dieser Ort so wertvoll war.

„Es ist kein Land, das du mit dem Auto oder Flugzeug erreichst. Aber das weißt du natürlich schon längst. Es ist ein Ort in dir, an den du gelangst, wenn du dich mit dem beschäftigst, was du willst, was du dir wünschst, wer du sein willst und welchen Beitrag du in der Zukunft leisten möchtest.

Ziwusi erreichen wir hervorragend von Orten aus, an denen wir zur Ruhe kommen. Die sind besonders geeignet als Ausgangspunkt für diese Reisen. Du erinnerst dich sicher noch, was ich über die Stille gesagt habe.

Leider nehmen sich viele für diese Ausflüge keine Zeit, denn sie haben viel zu tun. Sie finden zu wenig Ruhe bei ihrem täglichen Tun.

Das ist schade, denn diese Reisen geben Kraft und Klarheit. Sie helfen uns, unseren Weg zu finden, und nicht einen der Wege zu gehen, die andere einem vorschreiben oder die bereits von anderen beschritten wurden.

Aber auch, wenn wir in Ziwusi waren und gute Ideen mitgebracht haben, so müssen sie erst ins Werk gesetzt werden.

Hier scheitert bereits so mancher. Danach sind Mut, Ausdauer, Kreativität und Geduld wichtig, um mit kleinen Schritten dem Gewünschten entgegenzugehen. Das ist zuweilen schwer, denn andere Menschen haben dafür nicht immer Verständnis. Oder wir verlieren die Ideen einfach nur aus den Augen, denn die Ablenkungen sind beträchtlich.“

Mathilde machte Notizen. Für manche Aussagen der Schnecke fielen ihr Beispiele ein, bei anderen hatte sie noch Schwierigkeiten.

Hastig tanzte der Stift im Notizbuch. Als sie das Buch zuschlug und eine Frage stellen wollte, war Mathilde wiederum allein. Diesmal sparte sie sich die Suche. Sie wusste, dass sie die Schnecke nicht finden würde.

Rasch packte sie die Jutetasche und machte sich auf den Weg zur Hauptstraße Nummer 17. Auf den Weg zu Gregor.

13. Die Frau mit dem lila Hut

Die Kirchturmuhr zeigte, dass sie bald 11-mal schlagen würde, als Mathilde am kleinen Café in der Hauptstraße vorbeifederte. Eine ältere Dame mit einem lila Hut saß an einem der Tische und sprach mit ihrem Hund. Was für ein hässlich schöner Hund, überlegte Mathilde und lachte. Die Rasse kannte sie nicht. Er war klein und sah ein bisschen aus wie ein Boxer.

„Feiner Hund, du bist ein feiner, ja, ein ganz feiner ...", sagte die Frau, während sie die Kaffeetasse zum Mund führte. Mit der anderen Hand streichelte sie den Rücken des gähnenden Hundes.

Mathilde lächelte erst in Richtung des Hundes und dann in Richtung der Dame mit dem lila Hut. Kurze Zeit später stand sie vor dem Haus mit der Nummer 17. Sie nahm ihren ganzen Mut zusammen und klingelte. Ein Hund bellte und jemand stieg eine Treppe herunter. Noch einige Schritte, und die Tür wurde geöffnet.

Mathilde wich einen Schritt zurück. Vor ihr stand eine riesige Frau. Sie schien den ganzen Türrahmen auszufüllen.

Die Frau, die so gar nicht zu einem kränklichen Kind passte, war Gregors Mutter. Ganz freundlich berichtete sie, dass ihr Sohn wegen eines Asthma-Anfalls im Bett läge.

„Er braucht im Moment Ruhe. Komm am Nachmittag wieder. Gregor freut sich sicher über deinen Besuch."
„Ja. Ich komme. Grüßen Sie ihn bitte von mir."
„Von wem."
„Von Mathilde."
„Sicher, Mathilde. Das tue ich."
„Tschüss und bis heute Nachmittag."
„Auf Wiedersehen, Mathilde."

Mathilde machte sich auf den Weg nach Hause. Es war nicht so einfach, sich zu entschuldigen. Irgendjemand, wer auch immer, legte ihr Steine in den Weg. Aber das würde nichts nützen.

Plötzlich sauste ein Hund wie eine Dampflok an ihr vorbei. Zum Schnaufen der Lok kam auch noch ein klapperndes Geräusch, das von dem Leinenhalter aus Plastik herrührte. Wie einen wild torkelnden Waggon zog der Flitzer ihn hinter sich her. Es war der Hund aus dem Café. Bellend verschwand er in einer Hecke.

„Ipooo, Ipooo!", füllte eine Stimme die Straße. Sie kam von der Dame mit dem lila Hut. Mathilde rannte zu ihr und erklärte, dass Ipo in der Hecke verschwunden war.

„Tja, dann hat verfolgen wenig Sinn. Er wird die Katze nicht bekommen – er bekommt nie die Katze – und nach kurzer Zeit wird er enttäuscht den Rückzug antreten."

Es kam jedoch anders. Nur Augenblicke später war ein jämmerliches Winseln zu hören. Ipo steckte in Schwierigkeiten.

Mathilde bat die Dame, auf ihre Tasche aufzupassen, und spurtete los. Sie zwängte sich durch eine Öffnung in der Hecke, um dann zwischen hunderten von Apfel- und Birnenbäumen zu stehen.

Das Winseln kam aus einem Busch neben einem umgestürzten, uralten Birnenbaum. Dampflok Ipo hing mit seiner Leine im Busch fest. Er hatte sich bei seiner wilden Jagd selber gefesselt und kam nun weder vor noch zurück.

Vorsichtig näherte Mathilde sich dem verängstigten, aber auch zornigen Hund. Beruhigend redete sie auf ihn ein, befreite Ipo und gemeinsam traten sie den Rückweg an.

„Das hast du nun davon. Dass du auch nie auf mich hören willst. Lass doch die Katzen in Ruhe. Aber was sag ich denn, du hörst ja doch nicht auf mich". Die Dame blickte ihren Hund scharf an. Aber der hatte seinen Unschuldsblick geprobt.

„Das war nett von dir. Darf ich dich auf eine Limonade oder ein Eis einladen?"

Mathildes Onkel hatte ihr erklärt, dass man vorsichtig sein soll, wenn Fremde einem etwas anbieten, aber diese Situation konnte er nicht gemeint haben. Immerhin saßen sie in einem Café und die Dame wollte sich bedanken. Also nahm sie die Einladung an.

Während Mathilde den Becher Spagetti-Eis verdrückte, machten sich die beiden bekannt. Sie erfuhr, dass die Dame mit dem lila Hut im Seniorenheim wohnte. Sie hieß Josephine Klawitsch und war früher eine berühmte Frau gewesen. Ihre Bekanntheit hatte etwas mit klassischem Gesang zu tun. Als der Boden des Eisbechers in Sicht kam, schaute Mathilde erstmals auf ihre Uhr und erschrak.

„Jetzt muss ich los. Mein Onkel kocht heute Kartoffelpuffer mit Apfelmus, mein Lieblingsessen."
„Das klingt gut. Das darfst du nicht verpassen."
„Ja."
„Vielleicht sehen wir uns mal wieder."
„Bestimmt."
„Das würde mich und sicher auch Ipo freuen. Oder?"

Gähnend dreht Ipo sich mehrmals um die eigene Achse, um sich neben dem Stuhl in die perfekte Liegeposition fallen zu lassen.

„Danke für das Eis. Auf Wiedersehen, Frau Klawitsch. Auf Wiedersehen, Ipo."

Keine Stunde später versuchte Mathilde, ihre Portion Kartoffelpuffer zu bewältigen, was nicht gelang. Mit Bauchschmerzen schlich sie in ihr Zimmer. Sie stellte noch den Wecker, denn sie wollte Gregor besuchen, um sich zu entschuldigen. Obwohl ihr schon fast die Augen zufielen, ergänzte sie noch im Notizbuch unter WIE „freundlich":

Menschen helfen und ihren Dank annehmen.

Dann suchte sie einen freien Platz auf ihrem Bett und fiel in einen tiefen Nachmittagsschlaf.

14. Was willst du dafür tun?

„Was willst du für deine Ziele tun?"

Der Käfer war auf der Nachttischlampe gelandet. Er sortierte seine Flügel und fügte hinzu: „Was wirst du tun, um sie zu verwirklichen?"

Mathilde erzählte, dass sie bereits etwas zu diesem Punkt aufgeschrieben hatte:

Jeden Tag fünfzehn Minuten die Pfeifübungen machen, die ich von Tiberius bekommen habe. Tiberius testet mich am 25.09.

„Das ist gut! Aber was ist mit der Drei in Mathematik und mit dem Pferd, das du eines Tages haben möchtest?"

Mathilde zupfte sich am linken Ohr. Das tat sie oft, wenn sie nachdachte.

„Ich werde lernen. Ich meine, für Mathematik lernen. Ja, und für das Pferd will ich sparen."

„Das ist ein guter Anfang. Schreib es bitte auf und versuche, kleine Aufgaben daraus zu machen. Überlege weitere Dinge, die du tun kannst. Notiere auch, bis wann du es tun willst."

Freundlich aber mit Nachdruck fügte er hinzu: „Überleg dir auch, bis wann du deine Ziele erreicht haben möchtest. Setz dir ein klares Ziel, weil es sonst häufig nur ein Wunsch bleibt. Hilf deinem Glück, indem du dich verpflichtest, ihm entgegenzugehen, und zwar Schritt für Schritt."

„Das klingt nach viel Arbeit, nicht nach Spaß und Ferien. Und das alles mit acht, äh, neun."

„Versuche es trotzdem. Du hast dich auch geirrt bei den Gräsern vom Friedhof. Manchmal sollten wir einfach vertrauen und etwas tun, um herauszufinden, ob es ein guter Weg ist. Probiere es aus. Schaden wird es dir nicht. Und langweilig wird es auch nicht." Der Käfer lächelte und kletterte auf den Lampenschirm.

Unsanft holte der Wecker Mathilde aus dem Schlaf. Sie stand auf, wusch Gesicht samt Sommersprossen und stellte fest, dass die Bauchschmerzen verschwunden waren.

Bevor sie das Haus verließ, schrieb sie auf eine leere Seite:

Wann willst du deine Ziele erreichen?

Was willst du dafür tun?

Hilf deinem Glück, indem du dich verpflichtest, darauf zuzu-gehen, und zwar Schritt für Schritt.

Manchmal sollte man einfach vertrauen und ausprobieren.

15. Das wertvolle Bild

Mathilde fühlte sich winzig, als Gregors Mutter sie in den Garten führte. Ihr Sohn saß malend an einem Holztisch. Die Augen leuchteten in seinem bleichen Gesicht, während er den Pinsel führte. Offensichtlich ging es ihm besser.

„Guten Tag. Du musst Mathilde sein. Meine Mutter hat mir erzählt, dass du heute Morgen schon einmal bei uns warst."
„Hallo, Gregor. Ja, das stimmt."

Schnell kam Mathilde zur Sache und erklärte, warum sie da sei. Sie entschuldigte sich für ihr damaliges Verhalten bei Gregor, der sie mit offenem Mund anblickte.

„Das ist außergewöhnlich. Ich kann mich daran kaum noch erinnern. Aber jetzt, wo du es erzählst …"

Weiter kam Gregor nicht, denn ein Hustanfall verwandelte sein bleiches Gesicht in ein hochrotes.

„Ich habe Asthma. Deswegen darf ich auch nicht mit den anderen spielen. Ich soll mich nicht anstrengen."
„Oh."
„Setz dich doch."
„Okay."

Mathilde setzte sich und betrachtete das Bild, das vor ihm auf dem Holztisch lag. Sie war beeindruckt. .

„Das ist der Apfelbaum dahinten, der neben der verkrüppelten Kiefer. Weißt du Mathilde, ich male für mein Leben gern, und weil ich viel Zeit habe, gibt es schon unendlich viel Papier bei uns, das ich bemalt habe."
„Das sieht toll aus."

„Für das Bild habe ich den extra dicken Malkarton besorgt. Das Malen macht darauf noch mehr Spaß. Es ist schon trocken. Bitte schau, wie schön die Farben der Äpfel leuchten."
„Oh ja!"

Normalerweise hätte die gestelzte Art zu reden Mathilde gestört. Aber zu Gregor passte sie.

Vorsichtig nahm sie das Bild, das ihr entgegengehalten wurde, richtete es zum Apfelbaum aus und verglich die Zeichnung mit dem Original.

„Verblüffend, was man mit viel Übung alles erreichen kann", überlegte Mathilde. Sie musste an das Bild an der Korkwand und ihre Ziele denken.

„Gefällt es dir?"
„Äh ja. Es ist ein wirklich tolles Bild."
„Dann möchte ich es beenden und dir schenken."
„Ja, aber."

Gregor signierte das Bild schwungvoll mit seinem Kürzel GK und gab es Mathilde. Jetzt stand sie mit offenem Mund da und wusste nicht, was sie sagen sollte. Dieser Junge musste schon viel geübt haben, und dabei war er höchstens acht Jahre alt.

„Ich werde es rahmen und dann in meinem Zimmer neben der Korkwand aufhängen."
„Ach, ja, wirklich? Das würde mich freuen."
„Ja wirklich."

Auf dem Weg nach Hause musste Mathilde ständig auf das Bild schauen. Es war eine gute Idee, es zu rahmen und neben der Korkwand aufzuhängen. So wurde sie gleich an zwei Dinge erinnert: Mit Üben kann man viel erreichen, und wenn man einen

Fehler gemacht hat, kann man sich ruhig einmal dafür entschuldigen.

„Was für ein wertvolles Bild", murmelte Mathilde und begann zu hüpfen.

16. Das Notizbuch wächst

„Das ist ein schönes Bild!"

Mit Hammer und Nagel bewaffnet betrachtete Mathildes Onkel das Bild, das seine Nichte wie ein rohes Ei auf den Schreibtisch legte. Es war bereits gerahmt.

Mit drei gezielten Schlägen verschwand der Nagel zu drei Vierteln in der Wand, und er hängte das Bild vorsichtig auf.

„So?"
„Ja. Da gefällt es mir."
„Schönes Bild."
„Ja."
„Schlaf gut, Mathilde."

Sie wünschte ihrem müde wirkenden Onkel ebenfalls eine gute Nacht und setzte sich an den Schreibtisch. Abwechselnd schaute sie Gregors Bild und ihr Bild an. Dann schlug sie das Buch auf und schrieb. Sie ergänzte die Seite, wo Folgendes zu lesen war:

Wann willst du deine Ziele erreichen?

Was willst du dafür tun?

Hilf deinem Glück, indem du dich verpflichtest, darauf zuzugehen, und zwar Schritt für Schritt.

Manchmal sollte man einfach vertrauen und ausprobieren.

Mit viel Übung kann man viel erreichen.

Sie blätterte zur Seite, wo sie die Eigenschaften notiert hatte, die das WIE erläuterten. Sie ergänzte ihre Beschreibung von „fair":

fair – gerecht sein, nicht die eigene schlechte Laune an anderen auslassen, keine Vorurteile haben, sich entschuldigen, wenn man einen Fehler gemacht hat (Gregor)

Erneut las sie die Beschreibung aller Eigenschaften durch und war zufrieden.

freundlich – mit einem Lächeln die Dinge tun und auf andere zugehen, auch wenn andere nicht freundlich sind, andere so behandeln, wie ich selbst behandelt werden möchte, sich bedanken, Menschen helfen, Dank annehmen

ausdauernd & geduldig – Ziele verfolgen, Ziele auch mal anderen erzählen, Hilfe suchen, Ziele immer wieder anschauen, regelmäßig dafür etwas tun, auch mal „Nein" sagen, das Notizbuch immer wieder nutzen

Als sie die letzte Beschreibung las, erinnerte sich Mathilde an die Worte des Käfers. Sie musste noch aufschreiben, was sie für ihre Ziele tun wollte und bis wann es zu tun war.

Es war spät und Mathilde bemerkte, dass dieser Tag nicht nur interessant, sondern auch anstrengend gewesen war. Sie beschloss ins Bett zu gehen, um am nächsten Tag frisch für ihre Aufgaben zu sein.

Als Erinnerung notierte sie noch auf einem neuen Blatt:

Was willst du dafür tun?

1. Pfeifen können

o **Jeden Tag fünfzehn Minuten die Pfeifübungen machen, die ich von Tiberius bekommen habe. Tiberius testet mich am 25.09.**

2. Drei in Mathematik

○ ???

3. Eigenes Pferd

○ ???

17. Wovon träumst du?

Unheimlich dunkel war es, als Mathilde aufwachte. Sie hatte etwas geträumt, konnte sich aber nur an Bruchstücke erinnern. Sie saß auf einem Pferd, trug Zeitungen aus und pfiff Lieder. Das Pferd half ihr in den Pausen bei den Mathematikübungen. Schlaftrunken trottete Mathilde zum Schreibtisch, denn das musste sie unbedingt notieren. Sie hatte das Gefühl, dass es nicht schaden konnte, seine Träume aufzuschreiben.

In einer Zeitschrift für Erwachsene hatte sie gelesen, dass die Frage „Wovon träumst du?" meist die Ziele und Wünsche meint, die jemand hat.

Träume & Ideen

Mit Pferd die Zeitungen austragen und Lieder pfeifen

Pferd hilft in den Pausen bei den Mathematikübungen

„Das ist eine großartige Idee", dachte Mathilde. „So kann ich Geld verdienen und für das Pferd sparen. Außerdem kann ich dabei Pfeifübungen machen."

Nun war Mathilde wach, und auf der Seite, die sie am Vorabend angelegt hatte, notierte sie:

2. Drei in Mathematik

o   **In den Pausen mit jemandem Mathematik üben**

3. Eigenes Pferd

o   **Zeitungen austragen und Geld sparen**

Sie klappte das Notizbuch zu und stürmte in die Küche. Sie war bereit fürs Frühstück – für ein wirklich großes Morgenessen.

18. Riesenstiefel und Anguilla

Ein Rasseln zerriss die Morgenstille. Mit geschlossenen Augen schlug Mathilde auf den Wecker. Es war halb sechs und bereits hell. Verschlafene Augen blickten auf die Korkwand, und Mathilde dachte an das Pferd, für das sie sparte.

Seit zwei Wochen trug sie jeden zweiten Tag Zeitungen aus. Auch heute war es so weit. Sie ging ihre Zeitungsrunde früh am Morgen, damit sie auch während der Schulzeit weitermachen konnte. Sie wollte sich an das frühe Aufstehen gewöhnen.

„Nun aber raus aus den Federn! Du willst doch deine Zeitungstour machen. Oder nicht?"

Hätte sie bloß nichts erzählt. Jetzt erinnerte ihr Onkel sie auch noch daran. Ärgerlich, aber auch stolz rollte sich Mathilde aus dem Bett und zog sich an.

Wenig später war ihr Pfeifen auf der Hauptstraße zu hören. Tonleiter, Zeitung, Tonleiter, Zeitung, Tonleiter …

„Du bist aber schon vergnügt um diese Zeit!"

Mathilde fuhr erschrocken herum. Vor ihr stand jemand in grünen Riesenstiefeln.

Tiberius hatte einen Rucksack geschultert, Kescher und Eimer in der linken und zwei Angeln in der rechten Hand. Ein interessanter Anblick – doch Mathilde starrte nur noch auf den Eimer, aus dem Schlangenähnliches herausragte.

„Darf ich vorstellen? Anguilla anguilla – auch Aal genannt. Den hab ich heute Nacht gefangen. Der wird prächtig schmecken, mit Bratkartoffeln und Gurken. Wenn du magst, lade ich dich zum Aalessen ein."

Mathilde konnte sich nicht vorstellen, dass etwas so Hässliches lecker schmecken könnte. Sie dachte an die Schnecke und daran, dass die Gräser vom Friedhof die besten waren.

„Oh ja, ich komme gerne. Aber schmeckt so was?"
„Lass dich überraschen."
„Okay."
„Auch okay, Mathilde."
„Ich muss weiter. Zeitungen austragen."
„Natürlich. Lass dich nicht aufhalten. Sagen wir, gegen halb eins?"
„Ja, gerne. Tschüss, Tiberius und bis morgen."
„Bis morgen, Mathilde."

Flink wie ein Eichhörnchen setzte sie ihren Weg fort. Hier die Treppe hinauf, dort ein Sprung über die Blumenrabatte, und bei allem, was sie machte: Tonleiter, Zeitung, Tonleiter, Zeitung, Tonleiter …

19. Das Geheimnis des Fangens

In der Küche roch es vielversprechend, und der Aal lag in knusprigen Portionen in der Pfanne. Tiberius legte ihr ein Stück auf den Teller, und Mathilde nahm sich Bratkartoffeln und eine eingelegte Gurke. Vorsichtig begann sie zu essen.

„Schmeckt wunderbar."
„Freut mich."
„Da habe ich mich getäuscht."
„Wieso?"
„Hm. Ja – ich dachte, weil der Aal so hässlich und schleimig war."
„Ach so."
„Eventuell sollten wir uns nicht immer von Äußerlichkeiten beeinflussen lassen". Mathilde nahm einen weiteren Bissen.

„Ja, ich denke, da hast du recht. Viel zu oft probieren wir Dinge nicht, weil sie nicht ansehnlich sind, uns an etwas erinnern oder weil andere erzählten, dass sich probieren nicht lohne. Das ist schade, denn so verbauen wir uns Möglichkeiten. Wir werden Sklaven unserer Vorurteile, und zwar nicht nur beim Essen", sagte Tiberius.

Nickend stimmte die kauende Mathilde zu. Zu dumm, ihr Notizbuch lag zu Hause, etwas so Wichtiges wollte sie doch immer sofort notieren. Zu oft hatte sie schon Dinge vergessen, und das sollte ihr nicht mehr passieren. Sie nahm ihr Taschentuch und machte einen Knoten hinein. Das war ein Trick ihres Onkels. Er tat das stets, wenn er sich an Wichtiges erinnern wollte.

„Das mit dem Angeln ist so eine Sache", sagte Tiberius und füllte sich Bratkartoffeln auf seinen Teller.

„Du brauchst meist viel Geduld und Ausdauer. Du überlegst, welche Art von Fisch du angeln möchtest, studierst das Gewässer, beachtest das Wetter und wählst den hoffentlich passenden Köder aus. Dann wartest du. Wenn nichts beißt, wechselst du zum Beispiel den Angelplatz oder nimmst einen anderen Köder. Ein wenig später veränderst du die Tiefe. Du probierst aus. Dann wartest du eventuell immer noch eine ganze Zeit.

Aber auf einmal spielt Neptun mit, denn die Pose bewegt sich. Dein Herz schlägt stürmisch. Du greifst vorsichtig nach der Angel und bewegst dich in lautloser Zeitlupe.

Die Pose tänzelt auf dem Wasser, zieht langsam zur Seite und dann ziehst du die Angelrute mit einem Ruck nach oben. Die Sehne ist gespannt und die Angel biegt sich. Wenn du es korrekt gemacht und noch Glück dabei hast, hängt ein Fisch am Haken. Du ziehst ihn aus dem Wasser und später landet er in deiner Pfanne."

Gespannt hatte Mathilde zugehört und gab zu, dass sie angeln langweilig fände.

„Das ist in Ordnung so, denn sonst gäb's zu viele Angler; ich müsste an überfüllten Ufern sitzen, und das würde mir keinen Spaß machen."

„So kann man das natürlich auch sehen", sagte Mathilde.

Sie nahm eine Scheibe Brot und rieb den letzten Rest vom Teller.

„Den Teller können wir so in den Schrank stellen, Mathilde. Der ist sauberer als vor dem Essen. Dir hat es offenbar wirklich geschmeckt."

„Ja, das war klasse. Das hat spitze geschmeckt."
„Freut mich. Jetzt aber zu etwas anderem."

Tiberius holte eine Schachtel und stellt sie auf die Tischplatte. Als er den Deckel abnahm, verteilte sich Staub in der Küche. Er sortierte die in Zeitungspapier eingepackten Gegenstände vor sich auf dem Tisch und setzte sich.

„Ich habe da etwas für dich."
„Oh!"
„Die Sachen gehörten meiner Frau. Sie würde sich freuen, wenn du sie bekommst."

„Erst das tolle Essen, und jetzt bekomme ich auch noch Geschenke." Mathilde zupfte verlegen an ihrem linken Ohr.

„Pack schon aus, sonst stell ich die Sachen zurück in den Schrank."

Mathilde fing an auszupacken. Als Erstes kam eine lederne Reitpeitsche zum Vorschein. Danach packte sie einen Reithelm aus und zu guter Letzt hielt sie auch noch Sporen in der Hand. Mathilde war sprachlos. Sie setzte sich den zu großen Helm auf und strahlte Tiberius an.

„Weißt du, meine Frau war eine leidenschaftliche Reiterin. Nachdem sie schwer krank wurde, war es mit dem Reiten vorbei. Wenn sie dein Gesicht jetzt sehen könnte, wäre sie glücklich."

Gerührt und mit einem Kloß im Hals deckten die beiden den Tisch ab. Es war spät geworden, und Zeit für den Nachhauseweg.

Mathilde überlegte, wie sie sich für die Geschenke bedanken könnte. Sie nahm die Peitsche und ließ sie knallen, plötzlich hatte sie eine Idee. Eine großartige Idee.

20. Mathildes Plan

Jetzt waren es nur noch zwei Wochen, bis die Schule wieder beginnen würde und Mathilde war stolz. Nie hätte sie gedacht, dass sie so viel erreichen könnte. Sie ergänzte die Texte in ihrem Notizbuch, trug Zeitungen aus, trainierte täglich Pfeifen und las in ihrem Mathematikbuch. Das Verständnis der Problemstellungen und Aufgaben fiel ihr immer noch schwer. Sie legte das Buch meist nach wenigen Minuten frustriert beiseite und widmete sich angenehmeren Dingen.

„Das mit dem Buch kann ich ja morgen noch machen."

Im Notizbuch hatte sie ihre Ziele mit Zeitpunkten versehen und sie genauer beschrieben. Außerdem stand dort, was sie dafür tun wollte.

Weihnachten: Ich kann ganze Lieder pfeifen, und zwar so, dass jemand das Lied auch erkennen kann. Am Heiligabend habe ich mit meinem Onkel Weihnachtslieder gepfiffen.

Ende des Schuljahres: Ich habe in meinem Zeugnis eine Drei in Mathematik. In den anderen Fächern bin ich genauso gut wie im vorherigen Jahr oder auch besser.

Wenn ich 15 werde: An meinem 15. Geburtstag habe ich mein eigenes Pferd. Ich kann für mein Pferd sorgen, auf ihm reiten und es irgendwo unterbringen (Stall und Wiese). Mein Pferd heißt Wüstenwind.

Was willst du dafür tun?

1. Pfeifen können

○ Jeden Tag fünfzehn Minuten die Pfeifübungen machen, die ich von Tiberius bekommen habe. Tiberius testet mich am 25.09.

○ Mindestens einmal pro Woche mit meinem Onkel Liederraten spielen

○ Weitere Pfeifübungen finden und machen

2. Drei in Mathematik

○ In den Pausen mit jemandem Mathematik üben

○ Das Mathematikbuch lesen

○ Nachhilfe in Mathematik nehmen

○ Hausaufgaben mit meinem Onkel durchsprechen

○ Bücher, die mein Mathematiklehrer empfiehlt, in der Bücherei ausleihen

3. Eigenes Pferd

○ Zeitungen austragen und Geld sparen

○ „Mein großes Pferdebuch" lesen

○ Geld zu Weihnachten und zum Geburtstag wünschen und sparen

○ Bei der Reitschule zuschauen

Mathilde war es in diesen Ferien nicht langweilig und die Waltons hatte sie schon lange nicht mehr gesehen.

Einen Plan zu verfolgen, machte ihr Spaß. Es war nicht immer leicht, vor allem das frühe Aufstehen ärgerte sie manchmal, aber in solchen Fällen schaute sie auf die Korkwand, wo ihr gemaltes Bild hing, daneben das Bild von Gregor und neuerdings auch Reitsporen, und schon war die Bettdecke leichter.

Das Notizbuch war ihr ständiger Begleiter und sie notierte stets ihre Erkenntnisse. Der Trick mit dem Knoten hatte funktioniert, aber es gefiel Mathilde nicht, mit einem verknoteten Taschentuch herumzulaufen.

Sie vermisste die Schnecke, die Fliege, die Mücke und den Käfer. Es gab sie zwar – auf dem Spielplatz, auf dem Friedhof, im Zimmer – aber sie blieben stumm. Sie sprachen nicht mehr mit ihr.

Mathilde musste sich selbst dazu anhalten, nicht ungeduldig zu werden und erst einmal das zu tun, was sie von den Insekten gelernt hatte.

21. Der Regen fällt trotzdem

Was für ein Tag! Es regnete seit Stunden. Pitschnass waren der grüne Pullover und die Hose nach der heutigen Zeitungstour, und selbst aus den Schuhen lief Wasser.

Erneut monierte ihr Onkel, dass ihr Zimmer aussähe, als bewerbe sie sich um den Titel der Miss Unordnung. Das Pfeiftraining ging nicht voran, weil sie Probleme mit den hohen Tönen hatte, und das Mathematikbuch war schrecklich. Ein grausames Buch. Wie sollte sie das alles nur schaffen?

Wie immer nahm sie die Mathematikhefte vom Vogelkäfig, in dem schon lange kein Vogel mehr lebte. Sie räumte Hosen, Pullover, Socken, Jacken und Schuhe auf. Der Schrank wurde voller, und Stuhl, Bett, Schreibtisch und Boden nach und nach wieder sichtbar. Nach dem Aufräumen hechtete Mathilde aufs Bett, um einen Comic zu lesen, aber dann zog sie es vor, dem Regen zu lauschen und ziellos die Raufasertapete an der Zimmerdecke abzusuchen.

Plötzlich ein Summen. Etwas war gegen den Schirm der Nachttischlampe geflogen und krabbelt nun den Lampenfuß hinunter.

Wie hypnotisiert beobachtete Mathilde eine Biene. Um die Besucherin nicht zu verscheuchen, richtete sie sich langsam im Bett auf.

„Guten Tag!", summte die Biene.
„Na endlich. Sie reden ja doch noch mit mir".
„Warum sollten wir nicht mit dir reden? Du hattest doch jede Menge zu tun. Da wollten wir nicht stören."

Mathilde nickte und nahm ihr Notizbuch vom Schreibtisch.

„Das ist eine gute Angewohnheit von dir."

„Was meinst du?"

„Du notierst Ideen und Anregungen, die dir einfallen oder die dir jemand gibt. Solchen Menschen geben wir gerne Rat, denn sie nehmen die Sache ernst. Rat ist für sie wertvoll. Sie wollen etwas lernen."

„Ach, das meinst du."

„Du fragst dich jetzt, welche Idee ich für dich dabei habe?"

Mathilde nickte.

„Eines vorweg. Es geht nicht darum, viel zu wissen und zu notieren. Wesentlich ist, dass wir den Rat befolgen oder Ideen ausprobieren. Viele sammeln nur und geben zu früh auf, weil sie das Ausprobieren vergessen, weil es nicht sofort klappt oder weil scheinbar Wichtigeres dazwischenkommt."

Mathilde notierte.

„Es geht um den Regen!"

„Um Regen?"

„Ja, um Regen."

Mathilde schaute verwundert, ja fast enttäuscht und wollte ihr Notizbuch schon schließen.

„Der Regen fällt in jedem Fall, ob du dich ärgerst oder nicht. Du wirst es nicht ändern. Du ärgerst dich über etwas, was du nicht ändern kannst, und das ist nicht gut. Außerdem denkst du nicht an die Blumen, die Bäume, die Erdbeeren. Sie benötigen den Regen, um zu wachsen. Und du brauchst sie, um zu leben."

„Ja, und?", entfuhr es Mathilde.

„Dies ist mein Rat: Versuche auch, jeweils das Gute zu sehen. Freue dich für den Allergiker, für den der Regen die Luft reinigt.

Freue dich für die Lebewesen, die auf ihn angewiesen sind. Freue dich, dass du im Trockenen sitzt und in Ruhe ein Buch lesen kannst. Bedenkst du das, ärgerst du dich nicht mehr und bist nicht frustriert, wenn der Regen seine Arbeit macht."

„Der Regen fällt in jedem Fall auf die Erde, ob du dich ärgerst oder nicht. Versuche auch einmal, das Gute im Regen zu sehen", notierte Mathilde und dachte darüber nach, was das mit ihrem Frust über ihr stockendes Pfeiftraining und mit ihrem Kampf mit dem Mathematikbuch zu tun hatte.

„Das mit dem Regen leuchtet mir ein. Aber was ist mit den anderen Punkten?"

Eine Antwort kam nicht. Mathilde ahnte, dass die Biene fort war, und klappte das Buch zu.

„Wie geht es weiter? Hört der Regen auch mal auf? Warum sind die immer weg, wenn ich etwas fragen will?"

22. Ein neuer Tag

Am nächsten Morgen schien die Sonne und die Luft war klar. Eine Herde Schäfchenwolken zog über das Städtchen und eine Brise streichelte die Bäume.

Mathilde packte ihre Siebensachen, denn sie wollte erneut ihr Glück an der Turnburg versuchen.

„Man kann ja nie wissen." Sie sammelte am Friedhof Gräser und füllte in einen Margarinebecher etwas Honig ab.

Als sie am immer noch geschlossenen Zeitungskiosk von Tiberius vorbeihüpfte, schoss erneut die mopsähnliche Dampflok an ihr vorbei.

Rufe von Frau Klawitsch waren diesmal nicht zu hören. Ipo zog keine Leine hinter sich her, aber von neuem verschwand er in einer Hecke. Mathilde überlegte nicht, sondern rannte dem Hund hinterher, um ihn einzufangen.

Kurze Zeit später stand sie in einem Garten und beobachtete, wie Ipo bellend um einen Baum herum sprang. „Ein Glück, dass Katzen so gut klettern können!", murmelte Mathilde.

Die graue Mieze saß in der Baumkrone und leckte ihre Pfoten. Ipo konnte ihr nichts anhaben. Das wusste sie. Es war nur eine Frage der Zeit, bis ihr Verfolger aufgeben würde.

Die Katze hatte Recht. Ipo stellte Bellen und Springen ein und nahm jetzt auch den Rest der Umgebung wahr. Er schien sich an Mathilde zu erinnern, denn er trippelte erschöpft auf sie zu, um sich eine Streicheleinheit abzuholen. Das tröstete den enttäuschten Hund.

„Was macht ihr hier?", schallte es durch den Garten.

Ipo und Mathilde schnellten erschrocken herum. Ein Mann in Uniform stand hinter ihnen und musterte sie. Er stellte seine Einkaufstüten ab und zeigte auf Ipo: „Ist das dein Hund?"

Mathilde schüttelte den Kopf und erklärte, dass sie Ipo nur eingefangen hätte und dass sie ihn zu seiner Besitzerin zurückbringen wolle.

„Das ist nett von dir. Entschuldige, dass ich etwas unwirsch war. Ich hab das Tier nicht gleich erkannt, aber Ipo hat es auf meine Katze abgesehen und lässt keine Gelegenheit aus, sie zu verfolgen."
„Oh je!"
„Er macht immer wieder Rabatz in meinem Garten. Ich kenne auch die Besitzerin, Frau Klawitsch – eine nette Dame.

Ich bring ihr ihren Katzenschreck zurück. Willst du mitkommen?"
„Ja, gerne."

Der Mann trug seine Einkäufe ins Haus und Mathilde schaute durch das Loch in der Hecke. Ein Polizeiauto parkte in der Einfahrt. „Na klar!", flüsterte sie Ipo zu, „deswegen auch die Mütze."

Kurz darauf nahm der Mann eine Leine mit Halsband aus seinem Kofferraum und leinte Ipo an.

„Die habe ich immer dabei. Es ist ja nichts Ungewöhnliches, dass ein Hund sich selbstständig macht. Aber jetzt sag doch erst mal, wie du heißt, junge Frau."

„Klingt gar nicht aufgesetzt, sondern einfach nur freundlich. Man hat nicht das Gefühl, noch ein kleines Kind zu sein", überlegte sie und antwortete: „Ich heiße Mathilde."
„Ich bin Polizeiobermeister Henning. Du kannst mich auch 'Herr Henning' nennen."

„Guten Tag, Herr Henning."
„Lass uns fahren, um Ipo nach Hause zu bringen. Oder hast du es dir anders überlegt?"

Nein, Mathilde wollte immer noch mit. Sie hatte Ipo eingefangen und nun wollte sie auch sehen, wo er wohnt.

Ipo sprang in den geöffneten Kofferraum des Kombis, und los ging die Fahrt. Unzählige Schalter, Lichter und mehrere kleine Computerdisplays hatten ihren Platz im vorderen Bereich des Polizeiautos. Mathilde begutachtet alles und Herr Henning erklärte jedes Gerät.

So ging die Fahrt schnell zu Ende, zu schnell, und Mathilde war enttäuscht, als der Wagen hielt und ein Schild verriet, dass sie ihr Ziel erreicht hatten.

Sie blickte sich um und rief: „Wow! Was für ein riesiges Gebäude."

23. Turmhohe Bäume

Turmhohe Bäume umgaben das in einem Meer von Blumen stehende Seniorenheim. Der Ort strahlte Ruhe und Würde aus. Ipo zog Herrn Henning zur Eingangshalle und Mathilde folgte. Ein dunkelhaariger Mann mit Brille saß am Empfang.

„Guten Tag, Herr Henning, wen bringen Sie heute mit? Ach, das ist ja Ipo, den haben wir schon überall gesucht."

Der Mann verließ seinen Empfang, kniete nieder und streichelte den etwas verwirrt schauenden Hund.

„Frau Klawitsch sitzt im Garten hinter dem Westflügel. Sie ist verzweifelt wegen Ipo."

„Na, dann gehen wir zu ihr, damit sie sich nicht länger sorgen muss – oder was meinst du?" Mathilde nickte und folgte den Riesenschritten und dem trippelnden Hund.

Frau Klawitsch las ein Buch im Schatten eines Baumes. Ein grüner Hut bedeckte den Tisch, so dass das Kännchen Kaffee kaum noch einen Platz auf ihm fand.

„Sie sieht nicht verzweifelt aus!", flüsterte Mathilde.
„Stimmt, dass würde auch nicht zu ihr passen."

Ipo bellte.

„Da bist du ja, du Ausreißer. Und wieder war es Mathilde, die dich eingefangen hat. Oder?"

Ipo schwieg und Mathilde berichtete. Kurze Zeit später stand abermals ein Eisbecher auf dem Tisch. Herr Henning bekam eine Tasse Tee.

„Tja, wie kann ich das nur wiedergutmachen? Sie müssen wissen Herr Henning, dass Mathilde Ipo schon einmal zurückgebracht hat."

„Dieser Ipo!"

„Der Katze geht es gut?"

„Ich denke, ja."

„Gut."

Herr Henning zog an seiner Zigarette und Mathilde kämpfte mit ihrer Belohnung. Dieses Eis war noch eine Nummer größer als das letzte – ein wahrer Eisberggigant.

„Jetzt muss ich aber los. Mathilde, was ist mit dir? Willst du mitfahren oder gehst du zurück?"

Eigentlich war das Fahren im Polizeiauto interessant, aber andererseits wollte sie zum Spielplatz, und ihr Pfeiftraining hatte sie auch noch nicht gemacht.

Während Mathilde überlegte, setzte Frau Klawitsch ihren grünen Hut auf und streckte sich.

„Ich werde mit Ipo einen Spaziergang machen. Ich brauche Bewegung. Wenn du Lust hast, begleiten wir dich auf deinem Weg zurück."

Zwar fiel dann ihr Pfeiftraining aus, aber wenn man so interessante Begleiter hatte, konnte man auch mal pausieren.

„Ja. Das ist eine tolle Idee."

„Okay. Dann machen wir einen schönen Spaziergang."

Mathilde nickte, bearbeitete weiter den Berg aus Eis und wurde einem Stück Kreide immer ähnlicher.

24. Ein denkwürdiger Fehler

„Was ist mit dir? Du siehst blass aus."
„Mir ist übel."

Mathilde hielt sich den Bauch und machte ein gequältes Gesicht.

„Ich hätte das wissen müssen. Nach dem letzten Eisbecher war mir auch schon schlecht."
„Das geht vorbei."
„Au. So ein Mist!"
„Ja, du hast Recht. Ich lernte leider auch nicht immer aus meinen Fehlern. Sie sind Chancen zu lernen, aber eben nur Chancen. Wir handeln falsch, obwohl wir es besser wissen oder wir lassen uns verführen", sagte Frau Klawitsch.

Mathilde nahm das Buch aus ihrer Tasche.

„Gelegentlich vergessen wir es und machen den Fehler erneut. Dann sagen wir meist: ‚Fehler sind menschlich', und meinen: ‚Ich hätte es besser wissen sollen!'", ergänzte Frau Klawitsch.

Mathilde lächelte gequält und erzählte von ihrer neuen Angewohnheit, wichtige Gedanken stets zu notieren, um sich daran zu erinnern.

Sie schlug das Notizbuch auf und schrieb:

Nimm lieber das kleinere Eis. Das reicht auch und du bekommst keine Bauchschmerzen.

Lerne aus deinen Fehlern, damit du sie nicht vergisst.

„Das ist eine großartige Idee, Mathilde. Das erinnert mich an den Rat des Philosophen Schopenhauer. Er empfahl, stets denkwürdige Dinge und Zeitpunkte zu notieren. Er empfahl, ein Tagebuch zu führen."

„Ja, mir hilft das und es macht Spaß", sagte Mathilde.

„So ein Buch hätte ich auch anlegen sollen. Ein dicker Wälzer wäre daraus geworden. Vielleicht hätte ich so den einen oder anderen Fehler ausgelassen."

Mathilde schmunzelte. Es freute sie, dass jemand die Idee gut fand und so erzählte sie von ihrem Buch. Auch Frau Klawitsch erzählte. Sie berichtete von ihrer Gesangsausbildung, dem Studieren verschiedener Sprachen, ihrer Ausbildung im Ausland, den fernen Orten, den berühmten Opernsälen und anderen interessanten Abenteuern.

„Ich lebte einen verrückten Traum, verdiente ein kleines Vermögen und mein Talent ermöglichte mir viel. Eine Familie hingegen hatte ich nie. Dafür war keine Zeit und … Na ja, egal. Manchmal tut es ein wenig weh."

Meter und Minuten vergingen. Die Drei erreichten den Spielplatz, um etliche Geschichten reicher. Als die Dame mit dem grünen Hut und dem Hund hinter der Hecke verschwand, winkte Mathilde mit beiden Armen.

25. Ungerechte Welt

Noch eine Woche bis Schulbeginn. Mathilde schaute „Unsere kleine Farm" und beneidete die kleine Laura Ingalls, denn die brauchte keine Zeitungen auszutragen. In Lauras Zeit gehörten Pferde zum Alltag.

Und überhaupt. Es war ungerecht, dass einige Mädchen in ihrer Klasse ein Pferd hatten. Mathilde starrte auf den Bildschirm und schlug ihre Faust gegen die Lehne des Sofas. Plötzlich holte ein hoher Summton sie ins Wohnzimmer zurück.

„Hallo, Mathilde", sagte die Mücke. „Wie ich sehe, machst du dir unfaire Gedanken."

Mathilde wurde rot. Ja, ihre Gedanken waren wahrlich nicht nett gewesen, aber woher wusste das die Mücke?

„Ach, Mathilde, wenn ein Insekt mit dir spricht, kennt es auch deine Gedanken."
„Ach so."
„Außerdem ist es nichts, wofür man sich schämen muss. Es zeigt nur, wo wir an uns arbeiten können. Es zeigt uns, wo wir Schwächen haben. Es zeigt auf, wo wir uns mit unseren Gedanken bestrafen", erklärte die Mücke.
„Aber es ist doch ungerecht ...",

Mathilde zupfte sich am Ohr und stellte den Fernseher leiser.

„Das mag sein. Aber niemand hat gesagt, dass es auf der Welt gerecht zugeht – vor allem, mit welcher Gerechtigkeit? Welche Art von Gerechtigkeit meinst du? Die des Geldes, der Freude, des Glückes, der Gesundheit? Außerdem betrachten wir meist nur Phasen des Lebens und urteilen gleich darüber. Wir sehen nicht, was war, und wir können nicht wissen, was kommt. Möglicherweise ist das Leben gerecht, wenn wir es im Ganzen beurteilen."

„Hört sich vernünftig an", überlegte Mathilde. Sie bat ihren Besuch zu warten, rannte in ihr Zimmer und holte das Buch.

Abends saß Mathilde vor den geschriebenen Zeilen und überlegte, was sie bedeuteten.

Gerechtigkeit: Die des Geldes, der Freude, des Glücks, der Gesundheit – welche meinst du? Außerdem betrachten wir meist nur Phasen des Lebens und urteilen zu schnell. Wir sehen nicht, was war, und wir können nicht wissen, was kommt. Möglicherweise ist das Leben gerecht, wenn wir es im Ganzen beurteilen.

Mathilde war unzufrieden – aber jetzt mehr mit sich im Einzelnen als mit der Welt im Allgemeinen.

„Das werde ich ändern!", flüsterte sie und zog die Decke bis unter ihre müden Augen.

26. Alles geht schief

Die Ferien waren vorbei. Mathilde saß auf einer mit Efeu bewachsenen Mauer und biss lustlos ins Pausenbrot.

Sie hatte heute im Regen die Zeitungen ausgetragen, kam zu spät zum Unterricht und in der letzten Schulstunde war ihr eine Vier in der Mathematikarbeit auf den Magen geschlagen.

Jetzt auch noch der falsche Käse auf ihrem Brot. Konnte ihr Onkel nicht besser aufpassen? Hatte sich denn alles und jeder gegen sie verschworen?

Auf dem Heimweg schlurfte sie, übte ein wenig die Tonleiter und dachte an die Erlebnisse in den Ferien, aber ihre Stimmung wurde nicht besser. Auf den letzten Metern zum Zeitungskiosk beobachtete Mathilde, wie ein Mädchen im Rollstuhl versuchte, Tiberius das Geld zu überreichen.
„Warte! Lass mich dir helfen."

Das Mädchen drehte sich um, lächelte und gab das Geld Mathilde.

„Hier, Tiberius."„Danke. Wie kommst du mit deinen Pfeifübungen voran?"
„Ach. Mir ist zurzeit gar nicht zum Pfeifen zumute."

Tiberius nickte.

„Vielen Dank für deine Hilfe. Ich bin Marei", sagte das Mädchen. Sie war circa 12 Jahre alt, und lange, blonde Haare rahmten ihr schmales Gesicht.

Einige Minuten später schob Mathilde den Rollstuhl, denn die beiden hatten den gleichen Weg.

„Ja, ab der Hüfte abwärts bin ich gelähmt", sagte Marei.

„Oh!"

„Es war ein Verkehrsunfall. Ich hatte auf meinem gelben Fahrrad das Fahren geübt. Na ja, so richtig klappte es noch nicht, sonst wäre ich ja auf dem Fußweg geblieben."

„Und dann?"

„Dann tauchte plötzlich dieser große Schlepper mit Anhänger auf. Mehr weiß ich nicht."

Mathilde schob im Zeitlupentempo, Marei erzählte, Mathilde blieb stehen und fragte, Marei erzählte, Mathilde blieb stehen und lachte ... Jede Schnecke hätte die beiden überholt. Sie waren ein Paar, das sich verstand.

Als Mathilde viel später als üblich nach Hause kam, lag nicht nur Ärger, sondern auch der Geruch verbrannten Essens in der Luft.

Ihr Onkel, der leider keinerlei Erfahrung im Warmhalten von Essen besaß, war wie so häufig wortkarg, was sein Kratzen im Kochtopf noch lauter erscheinen ließ. Er schabte Salzkartoffeln heraus und verteilte die klebrige Masse auf den Tellern. Mathilde erzählte von ihrem Tag; dem Zeitungsaustragen bei Regen, der Mathematikzensur und von Marei. Ihr Onkel hörte zu und verstand, warum sie keine weitere Schelte gebrauchen konnte.

Mathilde aß die übergarten Kartoffeln, den teilweise schwarzen Rotkohl und nahm auch von etwas Dunklem, das an Fleisch erinnerte.

„Schmeckt gar nicht so schlecht."

„Hör auf zu flunkern."

„Wirklich!", rief Mathilde

„Nachschlag?"

Mathilde lachte und ihr Onkel schaffte immerhin ein zartes Lächeln.

Während die Küche aufgeräumt wurde, waren Mathildes Gedanken bei Marei. Sie war freundlich, strahlte immerzu und beklagte sich nicht, obwohl sie niemals wieder würde Rad fahren können oder A-Versteck spielen. Mathilde schüttelte langsam ihren rotlockigen Kopf und schämte sich. Sie schämte sich, dass sie heute in der Schule so voller Selbstmitleid gewesen war.

„Das muss ich notieren."
„Was notieren?", fragte ihr Onkel, der die Zeitung gesenkt hatte und Mathilde anschaute.
„Ach nichts. Ich will etwas aufschreiben, an das ich mich erinnern möchte."
„Ach so."

Mathilde schrubbte weiter die in Mitleidenschaft gezogene Herdplatte und bereitete den Frühstückstisch vor – wie an den meisten Abenden. Aber heute pfeifend.

27. Einiges muss sich ändern

Die WIEs gefielen ihr immer noch, aber beim heutigen Durchlesen wurde Mathilde auch klar, dass es noch einiges zu tun gab. Die Vorgaben hatte sie selber gemacht – niemand sonst. Das Schlimme war, dass ihr Selbstmitleid, die Ausreden und die sporadischen Mathematikübungen ihr so bewusster wurden.

Etwas musste sich ändern.

„Nein! Ich muss etwas ändern", rief Mathilde. „Was würden meine neuen Freunde mir empfehlen?"

Hinter jedem WIE notierte sie eine Aufgabe, die ihr helfen sollte, besser zu werden.

„Wenn ich es nicht in den nächsten drei Tagen erledige oder wenigstens damit anfange, dann mache ich es überhaupt nicht!", sagte Mathilde und las die Aufgaben laut vor.

fair – gerecht sein, nicht die eigene schlechte Laune an anderen auslassen, keine Vorurteile haben, sich entschuldigen, wenn man einen Fehler gemacht hat

o   **Tiberius fragen: Warum hat er nie schlechte Laune?**

freundlich – mit einem Lächeln die Dinge tun und auf andere zugehen, auch wenn andere nicht freundlich sind, andere so behandeln, wie ich selbst behandelt werden möchte, Menschen helfen, sich bedanken, Dank annehmen

o   **Marei fragen: Warum ist sie so freundlich und strahlt immer?**

ausdauernd & geduldig – Ziele verfolgen, Ziele auch mal anderen erzählen, Hilfe suchen, Ziele immer wieder anschauen,

regelmäßig dafür etwas tun, auch mal „Nein" sagen, das No-
tizbuch immer wieder nutzen

- ○ **Jemanden in der Schule um Unterstützung in Mathematik bitten**
- ○ **Wieder regelmäßig Pfeifen üben**

„Ha! Da habe ich ja etliches zu tun."

Mathilde lachte, klappte ihr Notizbuch zu, zog ihre Schuhe an und nahm den grünen Pullover vom Vogelkäfig.

„Bin gespannt, was Tiberius antwortet", überlegte Mathilde, ließ die Wohnungstür ins Schloss fallen und hüpfte gummiballgleich hinaus auf den Marktplatz.

28. Die Weisen und Tiberius

„Eine interessante Frage", sagte Tiberius.

Er unterbrach das Sortieren der alten Zeitschriften und setzte sich zu Mathilde auf die rote Plastikbank. Er neigte den Kopf nach rechts, kratzte sich hinter dem Ohr und wiederholte: „Warum habe ich nie schlechte Laune?"

„Ich muss deine Frage in Frage stellen. Sie basiert nämlich auf einer falschen Annahme."
„Wieso?"
„Weil ich auch schlechte Laune habe. Dann bist du meist nicht dabei oder ich verberge es", sagte Tiberius.
„Das wusste ich nicht."

Mathilde war enttäuscht und wollte ihr Notizbuch schon zuklappen, als Tiberius weitersprach.

„Schlechte Laune beruht meist auf Gedanken. Natürlich habe ich keine gute Laune, wenn ich Zahnschmerzen habe oder wenn es beim Angeln anfängt zu regnen. Aber ich weiß, dass ich solche Situationen mit schlechter Laune nicht verbessern kann. Was ich in solchen Momenten brauche, ist ein Quäntchen gute Laune, denn sie lindert Schmerzen und verändert meine trüben Gedanken. Das ist nicht immer einfach, aber mit Übung gelingt das."

„Wieder mal muss der Regen herhalten", murmelte Mathilde und notierte den Rat von Tiberius.

„Wenn meine schlechte Laune auf Gedanken beruht, sind es meist Zeitreisen in die Vergangenheit oder in die Zukunft. Ich bin betrübt über das, was ich verloren habe. Ich hadere mit einem Schicksalsschlag, habe Angst, dass ich krank werde, und und und", sagte Tiberius. Er machte eine Pause, drehte an seinem goldenen Ring mit dem blauen Stein und lächelte.

„Mit solchen Gedanken zaubere ich die schlechte Laune herbei. Aber ich verscheuche sie nicht sofort, denn sie kommt ja nicht ohne Grund und sie könnte mir helfen."

„Helfen?", fragte Mathilde.

„Ja, sie lässt mich erkennen, was ich ändern muss."

Mathilde kaute an ihrem Stift und notierte.

„Vor kurzem dachte ich an meine Frau, die nicht mehr lebt und die ich nie wieder in meinen Armen halten kann. Das machte mich traurig. Ich überlegte, dass ich weder Kinder noch Enkelkinder habe. Schlechte Laune und Traurigkeit waren der Lohn für diese Gedanken."

„Und was hast du dann gemacht?", fragte Mathilde.

„Ich überlegte, was weise Frauen oder Männer mir empfehlen würden. So kam ich auf die Idee, den besonderen Schrank aufzuräumen, den meine Frau und ich nutzten, um den Dingen einen Platz zu geben, die im Haus keinen hatten. Im Schrank fand man nie etwas, wenn man es suchte, sondern man stieß immer nur dann darauf, wenn man es nicht mehr brauchte", sagte Tiberius.

„Ich habe den Schrank aufgeräumt, hatte schöne Gedanken, fand interessante Dinge, und für dich, Mathilde, hatte ich ein Geschenk aufgespürt. Wie von Geisterhand war meine schlechte Laune fortgewischt und noch dazu war mein Schrank aufgeräumt."

Mathilde machte Notizen.

„Wenn du schlechte Laune hast, beobachte deine Gedanken und tue was. Male ein Bild, räum auf, schreib in deinem Buch oder erledige Dinge, die du immer wieder aufschiebst. Mir hat das stets geholfen", fasste Tiberius zusammen.

„Das klingt interessant. Klappt das auch wirklich, oder hat jemand dich beauftragt das zu erzählen?", fragte Mathilde und grinste. „Meinem Zimmer würde das sicher nicht schaden und Onkel wird sich freuen."

Tiberius lachte. „Nein, nein. So etwas würde ich nie tun."

Abends überflog Mathilde das Geschriebene und machte einen Haken auf ihrem Zettel mit den Aufgaben.

Schlechte Laune beruht meist auf Gedanken.

Gute Laune lindert Schmerzen und verändert meine Gedanken über Regen. Das ist nicht immer einfach, aber mit viel Übung gelingt das.

Wenn du schlechte Laune hast, dann beobachte deine Gedanken, beweg dich und tue was. Male ein Bild, räum auf, schreib in deinem Buch oder mach etwas, was du immer wieder aufschiebst.

„Das teste ich. Ich weiß auch schon wie!"

29. Eine verrückte Melodie

„Hallo, Mathilde, wie geht es dir?"

Die Stimme kam aus dem Kleiderhaufen, der sich auf ihrem Bett befand. Mathilde schreckte aus ihren Gedanken und begrüßte den Käfer.

„Wolltest du nicht Tiberius eine Freude machen, weil er dir damals die Reitsachen schenkte? Und hast du nach seinem guten Rat nicht einen weiteren Grund, dich zu bedanken?"
„Oje! Ja, das stimmt", seufzte Mathilde.

Ihr Stolz wich dem Gefühl des schlechten Gewissens. Sie setzte sich vorsichtig auf das Bett und spielte mit dem Schreiber.

„Jetzt hast du so ein wunderbares Buch, in dem du so einiges notierst. Warum nicht auch solche bedeutsamen Aufgaben?", fragte der Käfer und machte eine Pause.

„Hilf dir selbst und notiere so etwas. Viele glauben, sie bräuchten das nicht. Sie meinen, sie würden sich auch so erinnern. Doch hinterher kommen andere Aufgaben dazwischen und es wird vergessen. Eines Tages erinnern sie sich daran. Vielleicht ist es an diesem Punkt schon zu spät. Vielleicht erzeugt das ein schlechtes Gewissen. Eventuell entstehen Stress und Unzufriedenheit. So wie jetzt bei dir."

Mathilde notierte:

o   **Dankeschön für Tiberius besorgen**

Auf der Seite, wo schon das Folgende zu lesen war:

Hilf deinem Glück, indem du dich verpflichtest, darauf zuzugehen, und zwar Schritt für Schritt.

Manchmal sollte man einfach vertrauen.

Mit viel Übung kann man viel erreichen.

ergänzte sie:

Schreib deine Aufgaben, Ideen und alle anderen wichtigen Punkte in dein Notizbuch, um dich zu erinnern.

„Eins noch. Dein Buch ist schon voll mit tollen Ideen, Zielen, WIEs und Aufgaben. Vergiss aber das Tun nicht. Sonst notierst du nur noch und vergisst, dass du das alles auch in die Tat umsetzen musst."

„Fallweise klappt das. Aber gelegentlich auch nicht", erwiderte Mathilde, während sie mit dem Stift in ihrem Hausschuh herumbohrte.

„Schau nicht so traurig! Du hast doch schon viel geschafft. Aber so mancher neigt dazu, lässig und selbstzufrieden zu werden, wenn er etwas erreicht hat. Sei nicht zu euphorisch, also überschwänglich glücklich in den guten Tagen und nicht zu betrübt in den Tagen, wo es nicht so läuft", sagte der Käfer.

Mit dem Stift bearbeitete Mathilde weiterhin den Schuh und erwartete, dass der Käfer weitersprach. Was er jedoch nicht tat, denn er hatte sie erneut grußlos in ihrem Zimmer zurückgelassen. Die Bohrungen im Hausschuh wurden eingestellt, sie setzte sich an ihren Schreibtisch und notierte:

Vergiss das Tun nicht.

Sei nicht zu euphorisch in den guten Tagen und nicht zu betrübt in den Tagen, wo es nicht so läuft.

Es war spät, und morgen in aller Frühe wollte sie Zeitungen austragen.

„Jetzt aber etwas schneller schlafen", dachte Mathilde und musste lachen. Dann schlief sie ein.

Gegen Mitternacht wachte sie auf, der Wind hatte eine Stelle gefunden, die er zum Pfeifen nutzte.

„Was für ein Lied? Was für eine verrückte Melodie!", dachte Mathilde. Lange lag sie wach und lauschte dem unheimlichen Lied. Und plötzlich hatte sie eine Idee – eine großartige Idee. Eine, die nicht nur dem Käfer gefallen würde.

30. Das Geschenk

Die Hände schmerzten und die gepfiffene Tonleiter war nicht viel schöner als das Kratzen des Schleifpapiers.

„Hallo, Frau Handwerkerin!"
„Marei! Wo kommst du auf einmal her? Hab dich überhaupt nicht bemerkt. Schön, dass du mich besuchst."
„Das ist ein toller Holzrahmen", sagte Marei.
„Findest du?"
„Was wird er rahmen?"

Mathilde warf das Schleifpapier in den Werkzeugkasten und legte den Rahmen auf eine Stufe. Sie sprang auf und bemerkte, dass sie schon lange gesessen hatte.

„Gregor malt Tiberius und mich beim Angeln. Tiberius ist Angler und ich habe dir ja erzählt, dass er weder Kinder noch Enkel hat. Ich denke, dass ihn das Bild freuen wird", antwortete Mathilde.
„Da bin ich mir sicher. Aber wieso willst du ihm etwas schenken?"

„Weil er mir schon oft mit guten Ratschlägen geholfen hat und mir das Pfeifen beibringt. Außerdem hat er mir die Reitsachen seiner verstorbenen Frau geschenkt."

Mathilde suchte das feinere Schleifpapier im Werkzeugkasten, der nicht nur riesig, sondern auch unaufgeräumt war. Hammer, Zangen, Schraubenzieher, Schrauben, Nägel … alles war da, aber nicht das blöde Schleifpapier. Der Kasten bekam einen verdienten Fußtritt und Mathilde wandte sich wieder ihrer Besucherin zu.

„Marei, darf ich dich was fragen?"
„Ja, natürlich."

„Warum bist du immer so freundlich. Wieso strahlst du stets?",
fragte Mathilde.

Marei legte den Kopf schräg, löste die Rollstuhlbremse und fuhr
vor und zurück. Sie war sichtlich überrascht. Eine ganze Weile
musste Mathilde warten bis ihre Freundin antwortete.

„Ich kann das spontan nicht sagen. Aber du willst ja auch den
Rahmen fertig kriegen. Da habe ich Zeit, darüber nachzudenken.
Treffen wir uns morgen. Was hältst du von drei Uhr?"

„Da kommt Gregor schon zum Spielplatz und bringt mir das Bild.
Komm doch dazu." „Gerne. So lern ich den Künstler kennen",
sagte Marei.

Einige Zeit später beendete Mathilde die Schleifarbeiten und
strich den Rahmen mit weißer Farbe an. Sie musste nur noch das
Bild einpassen, eine rote Schleife anbringen und danach Tiberius
überraschen. Sie konnte es kaum erwarten, das Geschenk zu überreichen. Auch war sie gespannt, was Marei ihr erzählen würde.
„Komisch", dachte Mathilde, „jeder andere hätte sofort geantwor-
tet. Nur Marei will vorher in Ruhe nachdenken." „Spannend,
spannend. Ach ja, und wie sieht Gregors Bild aus? Die Tage sind
interessanter als sonst", sagte Mathilde zu sich selbst und versuchte erfolglos, sich das Angelbild vorzustellen.

31. Das Lächeln-Spiel

Gregor hatte die letzten beiden Abende am See verbracht, um das Abendrot und die Abenddämmerung zu beobachten.
„Das Licht war zu schwach, um zu zeichnen. Ich habe Skizzen angefertigt und mir Notizen zu Farben und Formen gemacht", erklärte er.

Marei und Mathilde saßen mit offenem Mund vor dem Bild. Sie konnten sich gar nicht beruhigen, denn immer mehr Details fielen ihnen auf und machten sie sprachlos, was bei den beiden klang wie „Wow! Großartig! Schau mal! Das ist ja klasse! …"

„Du hast das Bild ja gar nicht signiert", sagte Marei.
„Das stimmt nicht ganz." Gregor schmunzelte und deutete auf die linke obere Seite des Bildes. „Schaut euch den Busch an … dort neben der Badestelle."

Jetzt sah es auch Marei. Ein Gesicht versteckte sich zwischen den Blättern und Zweigen. Die Zweige bildeten bei genauem Hinsehen die Form seiner Initialen „GK". Ein weiteres Wow entwich Marei, die dabei begeistert auf die Armlehnen des Rollstuhls schlug.

„Tiberius hat hoffentlich nichts dagegen, wenn ich beim nächsten Aal-Angeln dabei bin. Die Abende am See haben mich neugierig gemacht. Der Mond spiegelt sich im Wasser, es gibt unheimliche Geräusche, und man kann sich Geschichten am knisternden Lagerfeuer erzählen", sagte Gregor, wobei er die letzten Worte rasselnd hustete. Als Gregor gegangen war, saßen Mathilde und Marei Seite an Seite. Die eine im Rollstuhl und die andere auf der Bank. Sie blickten auf das Bild, das vor ihnen im Gras lag. „Ein wirklicher Künstler", sagte Marei.

„Ja, das finde ich auch!"

Marei zog einen Zettel aus der Jackentasche. „Ich hab über deine Frage nachgedacht. Weil ich mir nicht völlig sicher war, was ich dir antworte, und du immer alles sofort notierst, wollte ich mir Bedenkzeit geben."

Mathilde nickte. „Darf ich mitschreiben?"
„Natürlich", sagte Marei.

„Warum bist du immer so freundlich und strahlst stets, wenn ich dich sehe?", wiederholte sie Mathildes Frage. Marei zupfte ihren Rock zurecht, ihr Blick schweifte in die Weite und sie fing an zu erzählen:

„Meine Urgroßmutter hat mir ein Spiel beigebracht. Bei diesem Spiel soll ich auf Menschen achten, die kein Lächeln haben, um ihnen eines von meinen zu schenken. Das war anfangs nicht leicht, aber schon bald klappte es immer besser, und es macht mir heute noch Spaß."

Mathilde nickte und notierte. Von diesem Spiel hatte sie nie zuvor gehört.

„Außerdem hat mir mein Urgroßvater eine Geschichte erzählt, die ich nie vergessen werde. Sie geht so: In Indien gab es den Tempel der tausend Spiegel. Er lag hoch oben auf einem Berg und sein Anblick war gewaltig. Eines Tages kam ein Hund und erklomm den Berg. Er stieg die Stufen hinauf und betrat den Tempel der tausend Spiegel.

Als er in den Saal der tausend Spiegel kam, sah er tausend Hunde. Er bekam Angst, sträubte das Nackenfell, klemmte den Schwanz zwischen die Beine, knurrte furchtbar und fletschte die Zähne. Und tausend Hunde sträubten das Nackenfell, klemmten die Schwänze zwischen die Beine, knurrten furchtbar und fletschten die Zähne. Voller Panik rannte der Hund aus dem Tempel und glaubte von jetzt an, dass die ganze Welt aus knurrenden, gefährlichen und bedrohlichen Hunden bestünde.

Einige Zeit später kam ein anderer Hund. Auch er stieg die Stufen hinauf und betrat den Tempel. Als er in den Saal mit den tausend Spiegeln kam, sah auch er tausend andere Hunde. Er aber freute sich. Er wedelte mit dem Schwanz, sprang fröhlich hin und her und forderte die Hunde zum Spielen auf. Dieser Hund verließ den Tempel mit der Überzeugung, dass die ganze Welt aus netten, freundlichen und ihm wohlgesinnten Hunden bestehe."

„Das ist eine außergewöhnliche Geschichte und das Lächel-Spiel gefällt mir gut!" Mathilde hatte ihr Notizbuch auf der Armlehne von Mareis Rollstuhl aufgeklappt. Während sie schrieb, wippte ihr Kopf, und ihr linkes Bein federte rhythmisch, als höre sie Musik.

„Nach meinem Unfall haben mir das Spiel und die Geschichte geholfen. Noch heute spiele ich das ‚Lächeln verschenken‘, um meine Urgroßeltern zu ehren. Es gibt zwar Tage, da ist mir nicht danach, aber ich habe festgestellt, dass an solchen Tagen das Spiel unersetzlich ist.

An die Geschichte aus Indien denke ich vor allem, wenn ich neuen Menschen begegne. Und so habe ich schon viele wertvolle Menschen kennen gelernt. So wie dich, Mathilde."

Mathilde wurde rot und hörte auf zu schreiben. Mit einem Kloß im Hals sagte sie: „Danke, Marei". Abends saß Mathilde auf dem Rand ihres Bettes und blätterte in ihren Notizen aus den letzten Tagen und Wochen. Sie dachte über ihre Abenteuer nach und markierte alles Wichtige.

Die Kirchturmuhr schlug neun und sie legte bewusst mit dem letzten Schlag das Notizbuch auf ihren Nachttisch. Danach ließ sie sich ins Bettkissen fallen, schaute ein letztes Mal auf das Bild für Tiberius und knipste das Licht aus. Im Halbschlaf hörte sie noch das Klingeln des Telefons und wie ihr Onkel leise sprach. Es war nicht zu verstehen, was er flüsterte. So sehr sie sich auch anstrengte, sie konnte es nicht deuten. Dann nahm der Schlaf Mathilde in seine Arme.

32. Zimmer 217

Die Schritte hallten in den Gängen, es roch nach Desinfektions-
mittel, Lichtröhren summten und vergilbte Aquarellbilder machten den hilflosen Versuch, die Wände zu schmücken. „Was für ein
trauriger Ort", überlegte Mathilde, die mit ihrem Onkel auf dem
Weg zum Krankenzimmer 217 war. Auf dem Weg zu Tiberius.

Sie trug das Geschenk mit der roten Schleife, das sie schon vor
einigen Tagen überreichen wollte. Der Herzinfarkt von Tiberius
hatte das verhindert. Ihr Onkel öffnete die Tür, und Mathilde hob
das Bild ein wenig höher, wie ein Schutzschild. Tiberius saß im
Krankenhemd auf dem Bett und las. Aufrecht und lächelnd – so,
als säße er vor seinem Kiosk. Der einzige Unterschied war – abge
sehen von dem Krankenhemd – der Schlauch an seinem rechten
Handgelenk, der zu einem Gestell führte, an dem ein Beutel mit
Flüssigkeit hing.

„Mathilde! Meine Pfeifschülerin und ihr Onkel besuchen mich im
Krankenhaus. Der Tag ist gerettet", rief Tiberius.

Mathilde streckte ihm ihre zitternde Hand entgegen. Sie wusste
nicht, ob sie traurig oder vergnügt sein sollte. „Kein Grund, so ein
Gesicht zu machen. Es geht mir bestens, nächste Woche stehe ich
wieder im Kiosk. Und Ende der Woche bin ich bereit für den
Pfeiftest meiner Lieblingsschülerin. Ich bin gespannt, wie sie ab-
schneiden wird", sagte Tiberius und lächelte.

Mathildes Gesichtszüge entspannten sich, denn es schien Tiberius
gut zu gehen. Dieser grauhaarige Mann, würde ihr fehlen, sollte er
eines Tages nicht mehr da sein.

Auf den Pfeiftest war sie gut vorbereitet. Sie hatte täglich geübt,
und ihre Art, Zeitungen auszutragen, war mittlerweile nicht nur
im Ort bekannt, sondern auch förderlich für ihre Pfeifkünste.

Ihr Pfeifen war für einige zum Boten für druckfrische Meldungen und gute Laune geworden. Ihr Pfeifen, wenn es auch nicht perfekt war, motivierte immer mehr Frühaufsteher im Morgenrock oder mit noch ungebundener Krawatte, vor die Tür zu gehen, um von ihr persönlich die Zeitung entgegenzunehmen. Mathildes Onkel deutete auffällig-unauffällig auf das Bild, das neben dem Bett stand. Wortlos lächelnd überreichte sie es Tiberius, der es auf seinen Schoß legte und betrachtete. Nach einer Weile stand er auf und begutachtete es aus ein paar Metern Entfernung. Er schien in das Bild einzutauchen und den Raum zu verlassen.

Tiberius nahm Mathilde in den Arm und sagte: „Danke!"

Das ganze Schleifen, die wunden Finger und das Abstimmen mit Gregor hatten sich gelohnt, das wusste Mathilde in diesem Moment. Abends machte sie einen Haken hinter der Aufgabe **Geschenk für Tiberius besorgen**. „Das war ein gutes Gefühl", dachte sie. „Ich habe eine Aufgabe erledigt, Tiberius eine Freude gemacht und bin den eigenen Zielen ein Stückchen näher gekommen. Klasse, wenn man so viele Punkte miteinander verbinden kann." In aller Frühe wollte sie Zeitungen austragen, und so legte sie Hose, Pullover, Jacke und Schuhe auf den Stuhl neben das Bett. Aber erst viel später schlief Mathilde ein, denn sie hatte erneut über den Pfeiftest nachgedacht. Beim Grübeln fiel ihr ein, dass die Mathematikarbeit nur zwei Wochen entfernt war. Dieses Gespenst raubte ihr noch lange den Schlaf.

33. Eieruhr auf 20 Minuten

„Vermutlich habe ich für Mathematik einfach kein Talent. Dafür kann ich andere Dinge", überlegte Mathilde, die auf dem Heimweg war. „Du willst ja auch nicht Maaathematik studieren", erwiderte eine Stimme hinter dem Friedhofszaun. Mathilde warf ihren Ranzen ins Gras, kletterte über den Zaun und suchte nach dem Ratgeber. Schnell fand sie die Schnecke an einem schattigen Platz, wo sie Gräser in der Ruhe des Friedhofs genoss. „Guten Tag! Wie meinst du das mit dem Mathematik studieren?" Mathilde flüsterte, denn sie wollte die Ruhe nicht stören.

Die Schnecke hob den Kopf, streckte die Fühler aus und antwortete: „Dein Ziel ist keine Eins mit Auszeichnung. Taaalent ist notwendig und von Vorteil, wenn du etwas Herausragendes in einem Bereich erreichen willst. Aber selbst in dem Fall muss das Taaalent sich mit Ausdauer und Fleiß verbinden, um Grooooßes zu schaffen. Wenn ich mich richtig erinnere, ist dein Ziel eine Drei in Mathematik und du hast Punkte notiert, die dazu beitragen, dass du sie erreichst." Mathilde ahnte, was kam, und sie hatte die Seite bereits aufgeschlagen, auf der zu lesen war:

2. Drei in Mathematik

o **In den Pausen mit jemandem Mathematik üben**
o **Das Mathematikbuch lesen**
o **Nachhilfe in Mathematik nehmen**
o **Hausaufgaben mit meinem Onkel durchsprechen**
o **Bücher, die mein Mathematiklehrer empfiehlt, in der Bücherei ausleihen**

„Wenn du diese fünf Punkte nur halb so konsequent durchgeführt hättest wie dein Pfeiftraining oder das Sparen für das Pferd, hättest du weniger Angst vor der Maaathematikarbeit und mehr Freude auf dem Weg zur Schule. Sicher, du hast hin und wieder in deinem Mathematikbuch gelesen und mit deinem Onkel die

Hausaufgaben durchgesprochen, aber konsequent war dein Tun nicht", sagte die Schnecke.

Natürlich hatte die Schnecke recht. Mathilde wusste, dass sie das Üben immer wieder vor sich her schob, denn es war ein großer Berg, den die Mathematikarbeit für sie darstellte, und Spaß machte es auch nicht. „Das verstehe ich, Mathilde. Du hast ja genug weitere Aufgaben und arbeitest für deine anderen Ziele und Wünsche konsequent. Mathematik hingegen macht dir keinen Spaß, was vermutlich auch daran liegt, dass du nicht übst und schlechte Zensuren nicht unbedingt motivieren.

Hier ist mein Rat: Übe jeden Tag 20 Minuten Maaathematik. Versuche dir eine feste Zeit einzurichten und addiere die Minuten täglich. Schreibe noch heute 20 Minuten in den Kaaalender, wenn du geübt hast. Morgen notierst du nach den weiteren 20 Minuten üben 40 Minuten auf und so weiter", sagte die Schnecke und machte eine Pause.

„14 Tage x 20 Minuten. Das ist viel Mathematik üben. Hört sich zu einfach an, um die Lösung zu sein. Aber einen Versuch ist es wert."

Noch am selben Tag lernte Mathilde in ihrem Mathematikbuch. Sie hatte sich die gelbe Eieruhr gestellt und diese in der Küche gelassen, damit das laute Ticken nicht störte. Als die Uhr rasselte, notierte sie die 20 Minuten. Abends lag Mathilde im Bett und schaute auf den Wandkalender, wo sie **20 Minuten** notiert hatte. Die Angst vor der Mathematikarbeit war noch da. „Aber irgendetwas ist jetzt anders. Es fühlt sich bereits ein wenig besser an", überlegte sie und knipste das Licht aus.

34. Schrecken in der Frühe

Es nieselte und Mathilde zitterte. Blutsauger hatten ihr am Vortag zugesetzt und so kratze sie mal hier und mal da. Sie war ein beliebtes Ziel bei Mücken, und ihr wütendes Kratzen half nicht wirklich.

„Ist es das wert? Irgendwann werde ich richtig arbeiten und dann kann ich mir auch ein Pferd kaufen. Zwar etwas später, aber ich muss keine Zeitungen mehr austragen und mein Geld zurücklegen. Ich könnte mir noch heute andere schöne Dinge leisten", überlegte Mathilde.

In frostigen Gedanken, aber trotzdem pfeifend, bog sie in die letzte Straße ihrer morgendlichen Tour ein.

„Hier wohnen die, die viel Geld haben", dachte Mathilde und nieste, dass ihr ganzer Körper durchgerüttelt wurde.

„Gesundheit und Guten Morgen", rief jemand hinter der Thuja-Hecke. „Du kannst mir gleich hier die Zeitung geben."

Mathilde reichte einem Mann die Zeitung, der ihre Laune nicht wirklich zu steigern vermochte. Er war freundlich, aber er war eben auch ihr Mathematiklehrer. In der Frühe schon an Mathematik erinnert zu werden, das war nicht angenehm.

Herr Rummel bemerkte das. Sich am Kinn reibend sagte er: „Das war die Titelmelodie von ,Unsere kleine Farm', die du eben gepfiffen hast, oder täusche ich mich?"

In Mathildes Gesicht ging die Sonne zwischen den Sommersprossen auf. „Ja, das stimmt. Ich übe beim Austragen der Zeitungen immer das Pfeifen."
„Das habe ich schon gehört. Das ist eine Spitzenidee", sagte Herr Rummel.

„Finden Sie?"
„Ja!"

Mathilde betrachtete das Haus, vor dem Herr Rummel stand. Es hatte ihr schon immer gefallen. Das Haus wirkte einfach und war umgeben von mächtigen Steinen. Es war diese Einfachheit, die dem Haus etwas Besonderes verlieh, das ihr gefiel.

„Sie haben ein tolles Haus."
„Ja, mir gefällt es auch, aber es ist nicht meins. Es gehört dem Ehepaar Naturell. Sie suchten einen Mieter und ich wurde es glücklicherweise."

„Ja, da hatten Sie Glück", sagte Mathilde.

„Jetzt muss ich los. Ich will noch meinen morgendlichen Spaziergang machen", sagte Herr Rummel und verabschiedete sich.

Mathilde trug beschwingt die letzten Zeitungen aus und pfiff dabei besonders laut, denn am Nachmittag war der große Pfeiftest bei Tiberius.

„Herr Rummel ist nett und sicher hilfsbereit", überlegte Mathilde. Nachdem sie ihr Mathematikbuch in die Tasche gepackt hatte, schlug sie ihr Notizbuch auf. Unter ihren Ideen:

o **Bücher, die mein Mathematiklehrer empfiehlt, in der Bücherei ausleihen**
o **20 Minuten Mathematik üben (Eieruhr, Zeit addieren)**

ergänzte sie die Aufgabe:

o **Herrn Rummel fragen, wie ich meine Zensur verbessern kann**

94

Das musste bald geschehen, denn die Mathematikarbeit war nur noch wenige Tage entfernt. Mathilde hatte bereits 60 Minuten für die Arbeit gelernt, aber das war keinesfalls genug.

„Pfeiftest! Was das wohl wird? Und was für eine Empfehlung wird Herr Rummel mir geben?", fragte Mathilde sich, zog die Haustür zu und stürmte im grünen Lieblingspullover das Treppenhaus hinunter.

35. Kein einfacher Pfeiftest

Auch wenn es Tiberius war, der sie testen wollte, so war sie doch aufgeregt. „Es ist immerhin ein Test und davor bin ich immer nervös", entsann sich Mathilde.

Am Vormittag war sie auch angespannt gewesen, denn sie hatte Herrn Rummel gefragt, wie sie ihre Zensur in Mathematik verbessern könnte. So im Nachhinein betrachtet gab es überhaupt keinen Grund, nervös zu sein, denn Herr Rummel freute sich, dass Mathilde ihn ansprach. Leider musste er zu einer Lehrerkonferenz. Er trug Mathildes Frage in seinen Terminkalender ein und wollte ihr nach der nächsten Stunde Tipps geben.

„Hallo, Mathilde", rief jemand. Es war Marei und sie war dabei, die Straße mit ihrem Rollstuhl zu überqueren.
„Warte, ich helfe dir".

„Guten Tag, werte Damen!", rief Gregor und bremste sein Fahrrad neben den beiden. Er war noch adretter gekleidet als sonst und hatte seinen Skizzenblock dabei.

Mathilde ahnte nichts Gutes. „Wie konnte ich auch nur glauben, dass es ein einfacher Pfeiftest wird?", stöhnte Mathilde und zupfte sich am Ohr. Gregor und Marei grinsten.
Als die Drei sich dem Kiosk näherten, standen da schon eine Frau mit großem Hut, ein Mops und ein gestikulierender Tiberius. Das konnte kein Zufall sein.

„Guten Tag, Frau Klawitsch, hallo Tiberius", krächzte Mathilde. Ihr Mund fing an auszutrocknen und das Herz klopfte schwer. An Pfeifen war so nicht zu denken.

Ipo hingegen war begeistert. Er trippelte zwischen den drei Neuankömmlingen hin und her als wüsste er nicht, wen er als Ersten zum Streicheln auffordern sollte. Mathilde lachte, denn der kleine

Hund schien noch aufgeregter zu sein als sie, wenn auch aus anderen Gründen.

„Liebe Mathilde, du bist hoffentlich nicht verärgert, dass sich die Prüfung zu einem größeren Pfeiftest entwickelt hat. Aber als dein Trainer überlegte ich, dass deine Freunde hervorragende Juroren sind. Du hast mir zu Beginn des Pfeiftrainings erklärt, dass dir deine Wünsche und Ziele wichtig sind. Wenn dem so ist, ist ein großer Pfeiftest auch ein Training gegen Lampenfieber und für mehr Gelassenheit in Prüfungen aller Art", sagte Tiberius.

Eine Stunde später, nach vielen gepfiffenen Liedern und mehreren geleerten Eisbechern, war der Pfeiftest vorbei. Alle waren sich einig, dass Mathilde ihn mit Bravour bestanden hatte.

Es war ein unvergesslicher Nachmittag. Frau Klawitsch gab Mathilde noch Tipps zum Thema Lampenfieber und Atemtechnik, denn als ehemalige Opernsängerin kannte sie sich aus. Gregor hatte Mathilde gezeichnet und Marei alle Kommentare der Juroren notiert.

„Schön, wenn man solche Freunde hat", überlegte Mathilde auf dem Weg nach Hause. Sie freute sich, dass ihr regelmäßiges Pfeiftraining sich ausgezahlt hatte. Und ja – sie war ein wenig stolz. Beim Abendbrot erzählte sie ihrem Onkel vom Tag und pfiff fast die komplette Liederliste des Pfeiftests erneut durch.

„So! Jetzt ran an Mathe. Ich kann zwar besser Lieder pfeifen, aber das wird mir bei der Mathematikarbeit kaum helfen", sagte Mathilde und schlug eines der Bücher auf. Keine vier Minuten später war das Buch immer noch aufgeschlagen, aber seine Halterin hatte sich aufs Bett gerollt und war nicht mehr wach.

36. Die gefleckte Hornbrille

Tina und Ulrike saßen auf der verwitterten Mauer im Pausenhof und hörten Mathilde zu. „Da hast du aber viel erlebt!", sagte die ältere der beiden Schwestern. Sie ging in Mathildes Parallelklasse. „Gestern hab ich außerdem von Herrn Rummel einige Buchtipps bekommen. Ich hol die Bücher heute Nachmittag aus der Bücherei. Kommt ihr mit?"

„Nein, wir haben keine Zeit", antwortete Tina.

Dann schrillte die Stundenglocke und unterbrach das Wiedersehen der Freundinnen.

„Das andere Buch ist ausgeliehen", sagte die Frau mit der gefleckten Hornbrille.

„Schade. Haben Sie etwas Vergleichbares?"
„Bitte?"
„Ja, ich meine ein Buch, das so ähnlich ist?"

Die Frau schaute Mathilde halb abgewandt an, schnaubte leicht und schüttelte Hornbrille samt Kopf. „Für so etwas habe ich wirklich keine Zeit. Schau die Warteschlange hinter dir an. Du bist doch nicht allein hier!"

Mathilde biss sich auf die Zunge, für diese unfreundliche Antwort hatte sie schon die passende Breitseite parat.

„Das bringt doch nichts", ging es ihr durch den Kopf. „Oh, ja. Das kann ich verstehen." Mathilde lächelte und deutete auf das Buch, das vor ihr lag. „Darf ich das ausleihen?"

Sichtlich verwirrt trug die Frau die Buchdaten ein. Mathilde bedankte sich, schnellte langsam herum und ging aufrecht an den Wartenden vorbei.

„Ssssssst", zischte etwas an ihrem Ohr vorüber, flog um ihren Kopf und setzte sich auf ihren Schulranzen. „Hallo, Mathilde! Wie ich sehe, haderst du mit deiner Situation", sagte die Mücke.

„Ja, das stimmt, denn das wichtigste Buch ist nicht da. Aber ich werde trotzdem jeden Tag 20 Minuten üben. Es sind schon einige zusammengekommen."

Die Mücke nickte und flog auf die Rückenlehne der Bank, um dichter an Mathildes Ohr zu sein. „Ich bin schwer beeindruckt von dir. Wie du dich in der Bücherei verhalten hast, war große Klasse. Du nimmst deine WIEs ernst und weißt, dass mit Zorn und Schimpfen nichts zu erreichen ist.

Das Problem bei Ärger und Wut ist, dass wir in solchen Momenten etwas tun oder sagen, was wir meist schnell bereuen. Der Verstand verabschiedet sich und wir tun Dinge, die uns selber und andere verletzen!"

Mathilde notierte und war ein wenig stolz, als die Mücke weiterflog.

Als sie mit geübter Hand das Brot schnitt, denn heute war sie an der Reihe, das Abendessen vorzubereiten, rief ihr Onkel: „Mathilde! Telefon für dich."

„Hallo, hier ist Mathilde."
„Guten Abend. Hier ist Frau Klemmer aus der Bücherei."

Sie lief weiß an und selbst ihre Sommersprossen wurden heller. Was hatte sie falsch gemacht? Was war passiert?

„Ich wollte dir sagen, dass ich denjenigen angerufen habe, der das Mathematikbuch ausgeliehen hat. Es war überfällig und ich habe ihm angeboten, dass er keine Überziehungsgebühr zahlen muss, wenn er es morgen zurückbringt." Du kannst das Buch also nachmittags abholen.

Mathilde glaubte, nicht richtig zu hören und erwiderte: „Danke, Frau Klemmer."

Sichtlich verwirrt setzte sie sich an den Tisch und nahm eine Scheibe Mischbrot, legte eine Salamischeibe mehr drauf als sonst und biss hinein.

37. Ringreiten und fliegende Fische

Mathilde schaute aus dem Fenster und dachte an Frau Klemmer, die ihr vor einer Stunde das wichtige Mathematikbuch gegeben hatte. Sie war freundlich und hatte ihr viel Erfolg gewünscht.

„Eigentlich eine nette Frau", überlegte Mathilde. Sie blätterte in ihrem Notizbuch und suchte nach ihrer Beschreibung von „fair".

fair – gerecht sein, nicht die eigene schlechte Laune an anderen auslassen, keine Vorurteile haben, sich entschuldigen, wenn man einen Fehler gemacht hat

Ja, das zu schnelle Urteil über Frau Klemmer musste sie in der Tat korrigieren.

„Ab und an wissen wir zu wenig über jemanden. Je mehr Informationen wir haben, umso wahrscheinlicher ist, dass wir positiver urteilen."

Hinter ihrer Beschreibung von „fair" notierte sie in Klammern: *(Vorurteile, denk an Frau Klemmer!)*

Mathilde warf ihr Notizbuch in die Tasche schnappte ihren Pullover und fischte nach ihren Schuhen unter dem Bett. Sie musste sich beeilen, denn auf dem Reiterhof liefen bereits die Vorbereitungen für das jährliche Ringreitturnier auf vollen Touren.

Aber vorher wollte sie noch 20 Minuten Mathematik üben, Hausaufgaben machen und den Kaffeetisch für ihren Onkel decken, der nach der heutigen Frühschicht selig auf dem Sofa schnarchte.

Kaum eine Stunde später sprang Mathilde die letzte Stufe hinunter, um ins Hüpftempo zu wechseln. Sie wollte rechtzeitig zum

Training da sein und so wurde aus Hüpfen Laufen und aus Laufen schließlich Rennen.

„Vor wem fliehst du?", rief jemand.
„Da kommt man ja kaum mit dem Fahrrad hinterher!"
„Hallo, Gregor! Ich will zum Reiterhof. Da starten heute die Vorbereitungen für das Ringreitturnier."
„Ringreiten?" Gregor runzelte die Stirn.

„Beim Ringreiten versuchen die Reiter einen Ring im Galopp mit einer Lanze aufzuspießen. Wer die meisten Ringe sticht, hat gewonnen". Mathilde ahmte die Bewegungen des Reitens und Stechens nach.

„Das ist ja wie bei den Rittern. Die haben auch mit Lanzen auf Turnieren gekämpft, wobei sie ihre Gegner treffen mussten." Gregor klang jetzt interessierter.

„Das werde ich mir mal anschauen. Ich muss aber erst die Einkäufe nach Hause bringen", rief Gregor, der bereits auf sein Rad gesprungen war.

Mathilde schaute den Teilnehmern zu, von denen einige kaum reiten konnten. Und abermals fiel ein Mädchen vom Pferd, das aus dem Gleichgewicht kam, als es den Ring mit der Lanze anvisierte.

„Reiten muss man im Schlaf beherrschen, wenn man mit einer Lanze einen hoch oben angebrachten Ring treffen will", überlegte Mathilde. Sie war froh, dass das Mädchen aufstand und sich den Staub abklopfte. Jetzt erinnerte sie sich. Sie war am Anfang des Trainings schon einmal vom Pferd gefallen.

„Die ist aber hartnäckig!", sagte Mathilde und musste an das Thema „ausdauernd und geduldig" denken. „Ich hoffe, sie verletzt sich nicht."

„Waaarum sollte sich das Mädchen verletzen?", fragte eine wohlbekannte Stimme.

Die Besucherin saß im Pflanzenkübel, an dem Mathilde sich anlehnte. Nur halb drehte sie sich zur Schnecke, denn niemand sollte glauben, dass sie sich mit einer Palme unterhielt.

„Ich deeenke, dass sich das Mädchen nicht verletzen wird, denn es hat im Fallen schon einige Übung. Würdest du auch gerne am Turnier teilnehmen?"

Wehmütig blickte Mathilde zu den übenden Reiterinnen und Reitern und nickte. „Ich muss erst reiten lernen. Ich bin noch nie auf einem Pferd gesessen."
„Woooher weißt du dann, dass du gerne reitest?"

Mathilde kratzte sich erst am Kopf und zupfte sich danach am Ohr. „Das weiß ich nicht, aber ...", sie stockte. Gregor stand plötzlich neben ihr.

„Mit wem redest du?"
„Ach, ja, äh, hm. Ich habe laut vor mich hingesprochen. Das mache ich ab und zu, wenn ich nachdenke", antwortete Mathilde mit tomatenrotem Kopf.

Abends saß sie am Schreibtisch und dachte lange über die Frage der Schnecke nach, ob ihr das Reiten gefiele und warum sie ein Pferd wolle.

„Ich sollte erst einmal testen, ob das Reiten mir Spaß macht und ob ich es lernen kann."

Auf der Seite, wo unter anderem zu lesen war:

3. *Eigenes Pferd*

- o **Zeitungen austragen und Geld sparen**
- o **„Mein großes Pferdebuch" lesen**
- o **Geld zu Weihnachten und zum Geburtstag wünschen und sparen**
- o **Bei der Reitschule zuschauen**

notierte Mathilde:

- o **„Lerne erst einmal reiten!"**

Nachts träumte Mathilde von Palmen, von fliegenden Fischen, von grünen Bergen, tanzenden Wellen, endlosen Stränden und neuen Laufschuhen. Pferde kamen nicht vor, aber Träume sind ja so flugs vergessen. Mag sein, es waren doch welche dabei.

38. Die Hofnärrin

Heute hatte Mathilde viel vor. Sie schaute auf die lange Liste, Frühstück machen für Onkel, Staubsaugen, 20 Minuten Mathematik, mit Marei und Gregor zum Ringreiten und abends Frau Klawitsch besuchen, wo Marei, Gregor, Tiberius und sie zum Essen eingeladen waren. Nach den ersten drei Erledigt-Haken war es Zeit, sich zu beeilen, denn um zehn wollte sie sich mit ihren Freunden am Kiosk treffen.

„Hallo, Mathilde!"„Hallo, Marei. Siehe da! Gregor kommt auch schon."

„Huhu, die Damen", rief Gregor und schwenkte sein kariertes Käppi, das er seit neustem tragen musste.

Kurze Zeit später erreichten die Freunde den Reiterhof. Die große Reithalle war umzingelt von Ständen und Buden. Es roch nach Bratwurst, Pommes und Mandeln und die Ohren versorgte der örtliche Musikverein. Süßigkeiten, Spielzeug und selbst Haushaltswaren – alles konnte man kaufen. Ein Künstler stellte Pferdebilder aus, die besonders Gregor untersuchte.

Eine Fanfare erklang und der Umzug begann. Reiter in bunten Kostümen und Lanzen führten den Tross an. Ein Pferdewagen, auf dem die Musikkapelle lautstark an das Turnier erinnerte, rumpelte hinterher.

„Mir brummt schon der Kopf von dem ganzen Rumtata. Können die nicht mal eine Pause machen", stöhnte Gregor und ließ sich auf einen Strohballen fallen. Mathilde nickte, hörte aber nicht hundertprozentig zu, denn sie beobachtete mit weit offenem Mund eine Reiterin, die sich mit ihrem Dartmoor Pony einritt.

„Was schaust du so erstaunt?", fragte Marei.

„Das Mädchen ist beim Training immer vom Pferd gefallen. Ich glaub einfach nicht, dass sie mitmacht", sagte Mathilde und schüttelte den Kopf.

„Die kann nicht reiten und nimmt teil? Na ja, warum nicht? Früher gab es auch Hofnarren, die den Adel und das gewöhnliche Publikum erheiterten."

„Sei nicht so gemein, Gregor", sagte Marei. „Ich finde es gut. Es geht ja nicht nur um den Königstitel, sondern auch um Lernen, Kameradschaft und Freude am Spiel."
„Ich und gemein? Wie siehst du das, Mathilde?", fragte Gregor.

„Ich bewundere ihren Mut und ihre Ausdauer. Aber ich habe auch ein wenig Bammel, dass sie stürzt. Ich kann überhaupt nicht hinschauen", antwortete sie und tat es doch.

Noch eine ganze Zeit sprachen sie über das Thema, aber irgendwann roch es zu verführerisch, und das gemeinsame Pommes-Essen unterbrach ihr Gespräch.

„Was uns wohl bei Frau Klawitsch erwartet? Und warum hat sie uns überhaupt eingeladen?"

„Da habe ich auch keine Idee, Mathilde", sagte Gregor und schüttete die letzten Pommes aus der Pappschale in seinen Mund.

39. Auf dem Weg zu Frau Klawitsch

Auf dem Weg zu Frau Klawitsch waren die Drei immer noch in Bann geschlagen von den Eindrücken des Turniers.

„Mir hat gefallen, dass das Mädchen gewonnen hat. Das war nur gerecht, nachdem ein Ring im ersten Durchgang nicht als Punkt gewertet wurde", sagte Marei.

„Das spannende Stechen und die Pausen der Musikkapelle fand ich großartig", sagte Gregor. Er stellte sein Rad ab und half Marei bei der Straßenüberquerung.

Und für dich Mathilde?"

Doch sie antwortete nicht. Mechanisch, in Gedanken versunken trottete sie neben ihren Freunden her.

„Mathilde? Jemand zu Hause?", rief Gregor.
„Oh, äh, ja, entschuldigt – was habt ihr gefragt?"
„Wo warst du denn eben? Ich hatte dich gefragt, was für dich das Interessanteste war", sagte Gregor.

„Darüber hab ich gerade nachgedacht. Es war die Reiterin, die immer wieder vom Dartmoor Pony fiel. Die Zuschauer lachten, aber sie stand immer wieder auf, fing ihr Pony ein und versuchte es von neuem. Sie war nicht unbedingt erfolgreich im Turnier, aber letztlich war sie es doch." Mathilde blieb stehen und notierte etwas.

„Ja, das hat mich auch beeindruckt. Ich fand anfangs, dass jemand reiten können müsse, wenn er teilnimmt. Aber das sehe ich jetzt anders", sagte Gregor.

Zeit und Weg flogen vorbei und schon bogen sie in die Allee zum Wohnheim ein. Sie gingen durch den mit Efeu bewachsenen Torbogen, der die stets offenen Eisengittertüren trug. Kurz darauf standen sie vor dem gewaltigen Hauptgebäude und staunten.

„Das muss ich malen!", rief Gregor.
„Jetzt?", fragte Marei.

„Das riesige Haus, die beiden Löwen am Eingang, die prächtigen Blumen, die blühende Hecke. Oh ja, und der Teich. Seht ihr die bunten Kois. Das ist phantastisch." Gregor fuchtelte mit den Armen und lief hin und her wie ein Clown in der Manege. Sogleich zog er aus seiner Jackentasche einen Block und skizzierte.

Marei und Mathilde schauten sich lachend an. Sie ließen den Künstler arbeiten und suchten den Empfang.

Ein Mann rief quer durch die Halle: „Hallo, Mathilde, wunderbar, dass du uns besuchst. Wie ich sehe, hast du eine Freundin mitgebracht!"

„Einfach schön, wenn man mit Namen angesprochen wird und Menschen einen wiedererkennen", flüsterte Mathilde und Marei nickte.

„Ja, ich freue mich auch. Frau Klawitsch hat uns eingeladen", sagte Mathilde. Danach stellte sie Marei vor.

„Der Junge, der in den Beeten umherläuft, ist Gregor. Er gehört auch dazu", sagte Mathilde.
„Gut zu wissen. Hoffen wir, dass der Gärtner ihn nicht erwischt. Übrigens, ich heiße Darijo. Bitte wartet hier, während ich Frau Klawitsch informiere, dass ihr da seid", sagte er und ließ die beiden zurück.

„Mathilde, schau da!" Marei deutete auf ein Schild. Sprachlos blickten sie auf das Begrüßungsschild. Sie fühlten sich, als wären sie etwas Besonderes. Als würde heute noch Außergewöhnliches passieren.

WIR BEGRÜSSEN HEUTE MATHILDE, MAREI, GREGOR UND TIBERIUS.

40. Am Lagerfeuer

„Entschuldigt, aber ich musste Notizen machen, damit ich die richtigen Farben und Materialien besorge. Ich sehe es vor meinem inneren Auge. Es wird ein wunderbares Bild", rief Gregor.

„Frau Klawitsch ist gleich bei euch. Sie lässt ausrichten, dass ihr auf die große Terrasse gehen und von dort aus dem Rauch folgen möchtet, bis ihr auf Tiberius und Ipo am Lagerfeuer trefft", sagte Darijo.

„Ein Lagerfeuer! Eine großartige Idee. Worauf warten wir?", rief Marei.

Auch Gregor und Mathilde waren begeistert, aber den Rollstuhl über die Wiese zu schieben, war eine schweißtreibende Aufgabe, denn die Räder sanken immer wieder im feuchten Boden ein.

„Das sah anstrengend aus", sagte Tiberius. „Ipo und ich haben bereits das Feuer entfacht, denn gegen Abend wird es hier feucht und ein kühler Wind schleicht über die Felder."

„Hallo, ihr drei", rief jemand von der Terrasse. Es war Frau Klawitsch, die sich bei Herrn Henning eingehakt hatte. Hinter ihnen trugen Darijo und eine Frau Bastkörbe mit Essen.

Auf einem Holztisch platzierte man Essen und Getränke. Frau Klawitsch erklärte, dass sie Herrn Henning nur eingeladen hätte, weil man Lagerfeuer anmelden müsse, und es in diesem Fall besser sei, die Polizei gleich dabei zu haben. Alle lachten. Anschließend kam noch ein Überraschungsgast. Es war Mathildes Onkel, den Tiberius eingeladen hatte.

„Meine lieben Gäste", nahm Frau Klawitsch das Wort. „Ich freue mich, dass ihr alle da seid. In meinem Alter ist es nicht selbstverständlich, dass man Freunde und Bekannte hat, über deren Besuch man sich freut und die nicht nur aus Pflichtgefühl kommen. Bitte hebt eure Gläser und lasst uns auf einen unvergesslichen Abend am Lagerfeuer trinken. Prost, Ihr Lieben!"

Es war ein besonderer Abend, denn noch nie hatten die Besucher Piroggen gegessen und Tschai getrunken. Die Teigtaschen aus Blätterteig mit den unterschiedlichsten Füllungen hatte Frau Klawitsch, deren Mutter Russin war, selbst gebacken. Es wurde russischer Tee, der Tschai, getrunken und reihum Geschichten erzählt.

Zum krönenden Abschluss spielte Darijo auf der Gitarre und Frau Klawitsch sang russische, italienische und deutsche Lieder. Alle klatschten und summten zum Rhythmus und feierten am Lagerfeuer.

„Und das alles nur, weil ich Ipo eingefangen habe", überlegte Mathilde, als sie spät abends auf ihrem Bett saß. Sie las noch einmal den Satz, den sie heute beim Ringreiten notiert hatte.

o   **Das Mädchen mit dem Dartmoorpony fragen, wie es die Angst vor dem Fallen überwunden hat**

„Wie überwinde ich diese Angst?", flüsterte Mathilde, zog am Ohrläppchen und schlief kurze Zeit später ein.

41. Auf dem hohen Turm

Hurtig deckte Mathilde den Frühstückstisch für ihren Onkel und schrieb eine Nachricht: „Bin auf dem Spielplatz". An diesem Sonntag wollte sie früh an der Turnburg sein, damit niemand sie stören könnte.

Sie fror, denn der Regen in der Nacht hatte die Luft abgekühlt. Sie dachte an die Biene, die ihr erklärt hatte, dass der Regen trotzdem fällt, ob man sich darüber ärgert oder nicht.

Ihr fiel die Schnecke ein, die ihr Ideen und Werkzeuge vorgestellt hatte. Und sie war dem Käfer begegnet mit seinen Fragen: „Was willst du hier? Was machst du auf dieser Welt? Was ist deine Aufgabe? Wo willst du hin?"

Ach ja, und die Fliege. Sie erinnerte Mathilde an das Tun und daran, auch etwas von ihrem Reichtum abzugeben.

Bevor sie die Turnburg erreichte, dachte sie auch an die Mücke. Sie hielt ihr immer von Neuem ihre WIEs vor Augen. Das war manchmal unangenehm, aber hilfreich. „Man denke nur an die Bücherei und Frau Klemmer", überlegte Mathilde und schmunzelte.

Sie kletterte auf den höchsten Turm und setzte sich so hin, dass sie den Spielplatz überblicken konnte. Sie nahm ihr Notizbuch und überflog die Seiten mit den Zielen, Aufgaben und Ideen. Eine Menge war zusammengekommen und sie war zufrieden über den Weg, den sie bereits gegangen war. Er war nicht immer einfach gewesen, aber spannend und lehrreich.

„War es nicht auch ein kleines Abenteuer?", fragte der Käfer, der urplötzlich neben dem Notizbuch saß.

„Das kann man wohl sagen!", erwiderte Mathilde.

„Warum bist du heute hier?"

„Hm. Na ja, das mit dem Pfeifen und der Mathematik klappt schon gut. Aber das mit dem Pferd und dem Reiten ist vielleicht doch nicht das Richtige."

„Warum?", fragte der Käfer. „Weil du Angst vor dem Fallen hast?"

Mathilde blätterte im Notizbuch und nickte. Der Käfer kletterte auf das Buch und überquerte Seite sechs und sieben.

„Die Antwort steht in DEINEM Buch, Mathilde."

Dann war der Käfer fort.

Mit klammen Fingern zitterte sie das Notizbuch in die Tasche. Jetzt wusste Mathilde, was zu tun war. Sie kletterte vom Turm, zog den grünen Pullover zurecht, rief „tschüss!" und hüpfte pfeifend los.

42. Mathildes Notizbuch

„Zusätzlich lege dir ein Notizbuch an, in dem du alles rund um die Reisen und was dazugehört notierst." (Schnecke)

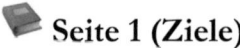 **Seite 1 (Ziele)**

Was will ich hier?

Was mache ich hier auf dieser Welt?

Was ist meine Aufgabe?

Wo will ich hin?

Ich kann pfeifen.

Ich habe mein eigenes Pferd.

Ich stehe auf einer Drei in Mathematik.

Meine Ziele!

Weihnachten: Ich kann ganze Lieder pfeifen und zwar so, dass jemand das Lied auch erkennen kann. Am Heiligabend habe ich mit meinem Onkel Weihnachtslieder gepfiffen.

Ende des Schuljahres: Ich habe in meinem Zeugnis eine Drei in Mathematik. In den anderen Fächern bin ich genauso gut wie im vorherigen Jahr oder auch besser.

Wenn ich 15 werde: An meinem 15. Geburtstag habe ich mein eigenes Pferd. Ich kann für mein Pferd sorgen, auf ihm reiten und kann es irgendwo unterbringen (Stall und Wiese). Mein Pferd heißt Wüstenwind.

Seite 2 (Einstellung und Ideen)

Die meisten guten Dinge reifen nur in der Stille.

Hilf dir selbst, damit du dich erinnerst.

Wenn man Ziele und Wünsche hat, dann helfen einem manchmal Menschen (so wie mein Onkel und Tiberius) und scheinbare Zufälle.

Der Regen fällt in jedem Fall auf die Erde, ob du dich ärgerst oder nicht. Versuche auch einmal, das Gute im Regen zu sehen

Nimm lieber das kleinere Eis. Das reicht auch und du bekommst keine Bauchschmerzen.

Lerne aus deinen Fehlern. Damit du sie nicht vergisst, notiere sie.

Gerechtigkeit: Die des Geldes, der Freude, des Glücks, der Gesundheit – welche meinst du? Außerdem betrachten wir meist nur Phasen des Lebens und urteilen zu schnell. Wir sehen nicht, was war, und wir können nicht wissen, was kommt. Möglicherweise ist das Leben gerecht, wenn wir es im Ganzen beurteilen.

Vergiss das Tun nicht.

Sei nicht zu euphorisch in den guten Tagen und nicht zu betrübt in den Tagen, wo es nicht so läuft.

Das Problem ist nämlich bei Ärger, Wut oder beim Toben, dass wir etwas tun oder sagen, das wir schnell bereuen und das wenig hilfreich ist auf dem Weg zum Angestrebten. Der Verstand verabschiedet sich, wenn Wut und Ärger einziehen, und wir tun Dinge, die uns selber und andere verletzen.

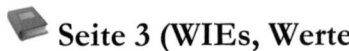 **Seite 3 (WIEs, Werte)**

Deine Wünsche und Ziele sind wichtig, aber dein WIE macht dich erst zu dem Menschen, der du bist.

fair – gerecht sein, nicht die eigene schlechte Laune an anderen auslassen, keine Vorurteile haben, sich entschuldigen, wenn man einen Fehler gemacht hat (Gregor), (Vorurteile, denk an Frau Klemmer!)

freundlich – mit einem Lächeln die Dinge tun und auf andere zugehen, auch wenn andere nicht freundlich sind, andere so behandeln, wie man selbst behandelt werden möchte, sich bedanken, Menschen helfen und ihren Dank annehmen

ausdauernd & geduldig – Ziele verfolgen, Ziele auch mal anderen erzählen, Hilfe suchen, Ziele immer wieder anschauen, regelmäßig dafür etwas tun, auch mal „Nein" sagen, das Notizbuch immer wieder nutzen

 Seite 4 (Aufgaben)

Jeden Tag fünfzehn Minuten die Pfeifübungen machen, die ich von Tiberius bekommen habe. Tiberius testet mich am 25.09.
✔

- o **Dankeschön für Tiberius besorgen** ✔
- o **Tiberius fragen: Warum hat er nie schlechte Laune?** ✔
  - * Schlechte Laune beruht meist auf Gedanken
  - * Gute Laune lindert Schmerzen und verändert meine Gedanken über den Regen. Das ist nicht immer einfach, aber mit viel Übung gelingt das.

116

* Wenn du schlechte Laune hast, dann beobachte deine Gedanken, beweg dich und tue etwas. Male ein Bild, räum auf, schreib in deinem Buch oder mach etwas, was du immer wieder aufschiebst.

○ **Marei fragen: Warum ist sie so freundlich und strahlt immer so?** ✔
   * Menschen, die kein Lächeln haben, eines schenken (Mareis Spiel, Tipp von ihrer Urgroßmutter)
   * Geschichte aus Indien (mit dem Hund und den Spiegeln)

○ **Jemanden in der Schule nach Möglichkeiten der Unterstützung in Mathematik bitten**
○ **Wieder regelmäßig Pfeifen üben** ✔

 **Seite 5 (Ideen)**

Wann willst du deine Ziele erreichen?

Was willst du dafür tun?

Hilf deinem Glück, indem du dich verpflichtest, darauf zuzu-gehen, und zwar Schritt für Schritt.

Manchmal sollte man einfach vertrauen und ausprobieren.

Mit viel Übung kann man viel erreichen.

Schreib deine Aufgaben, Ideen und alle anderen wichtigen Punkte in dein Notizbuch, um dich zu erinnern.

 Seite 6 (Ziele und Aufgaben)

Was willst du dafür tun?

1. Pfeifen können

- o **Jeden Tag fünfzehn Minuten die Pfeifübungen ma-chen, die ich von Tiberius bekommen habe. Tiberius testet mich am 25.09.** ✔
- o **Mindestens einmal pro Woche mit meinem Onkel Liederraten spielen**
- o **Weitere Pfeifübungen finden und machen**

2. Drei in Mathematik

- ○ In den Pausen mit jemandem Mathematik üben
- ○ Das Mathematikbuch lesen
- ○ Nachhilfe in Mathematik nehmen
- ○ Hausaufgaben mit meinem Onkel durchsprechen
- ○ Bücher, die mein Mathematiklehrer empfiehlt, in der Bücherei ausleihen ✔
- ○ 20 Minuten Mathematik üben (Eieruhr, Zeit addieren)
- ○ Herrn Rummel fragen, wie ich meine Zensur verbessern kann ✔

3. Eigenes Pferd

- ○ Zeitungen austragen und Geld sparen
- ○ „Mein großes Pferdebuch" lesen
- ○ Geld zu Weihnachten und zum Geburtstag wünschen und sparen
- ○ Bei der Reitschule zuschauen
- ○ „Lerne erst einmal reiten!"
- ○ Das Mädchen mit dem Dartmoor Pony fragen, wie es die Angst vor dem Fallen überwunden hat

 Seite 7 (Träume und weitere Ideen)

Träume & Ideen

Mit Pferd die Zeitungen austragen und Lieder pfeifen

Pferd hilft in den Pausen bei den Mathematikübungen

Nutze die Eieruhr beim Lernen! (Beispiel: 20 Minuten Mathematik üben)

Was immer du tun kannst oder wovon du träumst – fange es an. In der Kühnheit liegt Genie, Macht und Magie.

Johann Wolfgang von Goethe